ROZÉNIE
OU
LES MOSCOVITES

BY

CHARLES-HENRI D'ESTAING

WITH AN INTRODUCTION AND NOTES BY

JEAN-PIERRE CAP

EAST EUROPEAN MONOGRAPHS, BOULDER
DISTRIBUTED BY COLUMBIA UNIVERSITY PRESS
NEW YORK

1993

EAST EUROPEAN MONOGRAPHS, NO. CCCLXXXIII

To all who suffered under imperialistic domination

and who fought for their freedom.

CONTENTS

FOREWORD

The manuscript of *Rozénie ou les Moscovites* (Rozenie or the Moscovites), an unpublished play of the eighteenth century, was discovered by this author several years ago in the archives of the château de Ravel in the province of Auvergne, France. The château and its archives belonged to Admiral Comte Charles-Henri d'Estaing until he was guillotined on April 28, 1794. He is the presumed author of the play.

Written over two hundred years ago, *Rozénie ou les Moscovites* seems to have received very little attention even from the very few historians who might have examined the manuscript preserved with other texts written by the Admiral. The unrewarding reading of d'Estaing's other writings has no doubt discouraged other scholars from reading this play. Anyone familiar with his writings and interests would is puzzled by this play written on a subject almost contemporaneous with the author. Puzzling also is the name of Rozénie. No such name is associated with Russian history.

I was about to abandon the task myself when my interest was awakened by the names of Kantemir and Mazepa in the cast of characters. I was intrigued by the author's casting of Kantemir in the role of Lefort, at the side of Peter the Great. Why, in a French play, would one replace a historic character with a French name by a totally foreign one? True, to the French ear, the name Kantemir sounds oriental and adds an exotic note, in harmony with the subject. What intrigued me even more, however, was the presence of Mazepa in the entourage of the czar *after* Poltava. That is precisely why I read on.

The play has a certain historical significance for having been the only work in French glorifying Catherine I. Moreover, Mazepa's important role in the play is of literary and historical importance.

Voltaire had told Mazepa's story in his *Histoire de Charles XII* (1731) in a straightforward fashion. It was Contant d'Orville's dramatic account of the hetman's legendary adventure in his *Roman d'Azéma* (1764) which truly introduced Mazepa to the West. *Rozénie ou les Moscovites* is only the third treatment of the Mazepa legend in French, but without the heroic phase which was going to inspire romantic artists such as Byron, Hugo, Pushkin, Slowacki and Vernet.

Since d'Estaing had either read or at least heard of Mazepa's universally known ride on the wild stead, one is surprised to find no reference to it in his play. Instead, he portrays Mazepa as an utterly corrupt and villainous traitor who, in his attempt to free Ukraine from Russian domination, betrayed the czar. Just as Voltaire, d'Estaing appears to have been influenced by Russian "official" information, which today one would call disinformation. Had d'Estaing's portrait of Mazepa been known, it might have affected the development of the romantic myth. Such as it is, the play is rewarding to read and compares well with the other relatively rare works on Russian themes written during the 18th century. For all these reasons, *Rozénie ou les Moscovites* deserves to finally be published.

*

The manuscript of *Rozénie ou les Moscovites,* as well as the author's introduction, have been transcribed and punctuated in accordance with norms prevailing today. Anachronistic or obscure words and phrases are translated and explained in footnotes.

*

I wish to take this opportunity to thank Monsieur and Madame Brochot, who kindly authorized me to use Comte Charles-Henri d'Estaing's archives at the château de Ravel of which they are the owners.

In the course of the preparation of this edition, a number of persons have helped me in various ways. I am most grateful to each and every one of them, especially to Jennifer Gardner Dunn, my student, Richard Everett, Reference Librarian at Lafayette College, Amale A. Gaffney for her technical assistance, and to my wife, Biruta Cap, who helped me most of all.

Jean-Pierre Cap
Lafayette College, 1993

INTRODUCTION

The Presumed Author

Charles-Henri d'Estaing[1] was born in the château de Ravel in November 24, 1729 into a wealthy aristocratic family, which traced its origins to the eleventh century in the province of Rouergue. Many of its members had served the monarchy or the Church with distinction. The admiral was destined, however, to be its most illustrious, tragic, and last scion. Like the marquis de La Fayette, his neighbor, d'Estaing regarded service to his country either in the armed forces or in diplomacy as the only worthy careers for men of his class. The reward such aristocrats sought was not merely an opportunity to make a noteworthy contribution, but glory by accomplishing deeds, which would merit the recording of their names in the golden book of history. D'Estaing's pursuit of glory as a soldier is well known. Less so are his attempts as a writer.

The future admiral lost his mother when he was eight, and the following year he joined a company of the King's Musketeers, which functioned as a military academy for the sons of the most distinguished families of France. At sixteen, he married a wealthy heiress and the same year lost his father. Thus he inherited the title of *comte* and a very considerable fortune. As was customary for men of his means and ambition, he purchased a regiment—quite naturally that of Rouergue, since it was available—and began to seek military action in earnest. By

---

[1] Charles-Henri d'Estaing (1729-1794) was also referred to by the following names: Jean-Baptiste Charles, Charles-Hector, Charles-Théodat, Charles-Henri Théodat.

the end of his career, as an infantry officer and as a naval commander—he was proud of being both, or amphibious, as he was fond of saying—he had served with distinction in virtually all major theaters of operation where French forces had been engaged: in Europe, India, the Indian Ocean and most importantly, North America.

He was a great patriot, and like the *philosophes* and many of his liberal contemporaries, he strongly held democratic sentiments, so much so that later he was accused by his conservative fellow aristocrats of being a traitor to his class. Revolutionaries, however, considered his aristocratic birth an unredeemable flaw, and executed him during the Terror.

During the Revolution, the château de Ravel was sold to a family whose descendants still own it today. Fortunately, the archives stored there by the Admiral have remained largely unscathed. They have been professionally organized and consulted by several historians in recent decades.[2]

In addition to his passion for military service, d'Estaing had an inclination for scholarship and writing. From early in his career he delighted in writing long reports containing detailed descriptions of sites and extensive explanations of historical contexts.

Purely literary writing attracted him as well.[3] At age twenty-six, still a colonel in the army, he wrote an erotic poem

---

[2] Monsieur and Madame Brochot are the current owners of the château de Ravel. They most kindly allowed me to research the important d'Estaing archives in their possession at Ravel.

[3] A tragedy, *Regulus,* published in 1748 under d'Estaing's name is listed in Clarence D. Brenner's *A Bibliographical List of Plays in the French Language 1700-1789* (Berkeley: Brenner, 1947). In his excellent study Jacques Michel does not even mention this work, either because he doubts it can be attributed to d'Estaing or, less likely, because he does not consider it of sufficient importance (Jacques Michel, *La Vie aventureuse et mouvementée de Charles-Henri d'Estaing,* [s.l.]: Editions Jacques Michel, 1976).

of some 2500 verses entitled "Le Plaisir,"[4] (Pleasure) which most readers then and since have found rather convoluted, hermetic and boring. Even if such a severe judgment were deserved, the poem demonstrates that d'Estaing possessed an undeniable literary talent, which he exercised intermittently as an amateur. At the time, it added to the author's lasting reputation as a libertine. When in the 1770's appeared a poem entitled "Le Voluptueux hors de combat, ou le dépit amoureux de Lygdame et Chloris" (The Disabled Voluptuous One, or the Lovers' Quarel between Lydgame Chloris), a typically licentious poem for the time, it was attributed to d'Estaing. Jacques Michel, the author of the most recent and thorough study on d'Estaing, agrees however, with those who reject this attribution.[5]

In a more serious vein, while pursuing his naval career, he published a highly technical text on naval signals and terminology *(Signals without a fixed place, Vocabulary of naval terms)*.[6] He also wrote an essay in which he proposed a general reform of the navy *(Essay Addressed to the King on the Reform of the Navy)*.

When d'Estaing was Governor of Haiti (Saint-Domingue, 1763-1766), he was commissioned by Choiseul, then Minister of the Navy and of War, to study existing and potential trade relations between France and her colonies. As a result of his experience as Colonial Governor, his contacts with the United States during his 1778 and 1779 campaigns as well as his experiences in French colonies in the Antilles, d'Estaing did write an *Esssay on Export to the Colonies.*[7] Dedicated to Benjamin Franklin, whom d'Estaing knew, this essay, however, was published long after it was written. D'Estaing's

---

[4] "Le Plaisir, rêve, poème," A Otiopolis, chez Daniel Songe-Creux, à l'Apocalypse, 1755.

[5] Michel, *op. cit.,* 143-144.

[6] *Signaux sans place fixe, vocabulaire des termes marins* (Paris: Didot, 1778).

[7] *Aperçu hasardé sur l'exportation dans les colonies* (Paris: Potier, 1790).

analysis of the economic relationships between mother countries and their colonies impressed some of his contemporaries.

One should add that d'Estaing's favorite activity, especially between assignments, was the study of history. He left several unfinished works on Thucydides' *Peloponesian War*, on Caesar's *Commentaries on the Gallic Wars*, on Plutarch, as well as extensive notes and fragments destined to become part of a *History of War*. Michel considers these works as interesting but convoluted and "foggy."[8]

Without being a man of letters, d'Estaing wrote extensively throughout his career, and his concern with literature manifests itself in the diaries or accounts he has left on all his campaigns, from his earliest in India and in the Indian Ocean to his last mission to Spain.[9]

D'Estaing's most impressive literary efforts, however, are his three plays: *Regulus, Les Thermopyles (The Thermopylae)* and "Rozenie or the Moscovites." In 1791, as the Revolution was gaining momentum and it was apparent that it would embroil other countries, he published *The Thermopylae*,[10] a tragedy in which he expressed his fear that France would be invaded and would need defenders of Leonidas' patriotism and bravery. While written in conformity with the rules of classical theater, still generally observed, the play is too rhetorical and abstract to have had any impact even if it had been staged. It does, however, contain noble thoughts expressed in stirring language, and attests to d'Estaing's belief in theater as a medium for the expression of timely ideas. Although published, *The Thermopylae* was never performed and hardly read because of the circumstances. During the Revolution, surviving theatrical activity did not include

---

[8] *Ibid.* 141.

[9] "Mémoire de d'Estaing" [Indian Campaign], MS 6432, Bibliothèque de l'Arsenal.

[10] *Les Thermopyles, tragédie de circonstance* (Paris: Didot, 1791).

performance of the latest works of aristocratic suspects. Later, there was no one to take an interest in promoting d'Estaing's works.

*   *

*

"Rozenie or the Moscovites:" The Writing of the Play

Nothing is known of the circumstances in which "Rozenie" was written. When could d'Estaing have become sufficiently interested in Russia to have written a play such as "Rozenie or the Moscovites?" The first extended period in his life when he was without a major assignment was after his return from his tour of duty as Governor of Haiti (1766-1772), when, coincidentally, he was out of favor at court. But this was for him a phase full of personal problems as well. A more logical time for d'Estaing to have become interested in Russia was soon to follow.

In 1774 he was called back to Paris and given command of a naval task force whose assigned mission was to cruise in the Eastern Mediterranean. Russia was at war with Turkey and Sweden, both traditional allies of France. Without provoking a British reaction, d'Estaing was to check the activities of Russian squadrons which had been harrassing the Turks in the Eastern Mediterranean. According to his habit, d'Estaing undertook preparations for his assignment with great speed and thoroughness. By May 20, his task force was ready to sail from Toulon. But, England had already ordered an even larger fleet of its own to check the French move. The confrontation France wanted to avoid was becoming possible. Fortunately, Russia's backing down enabled France to cancel its naval exercise in the Eastern Mediterranean without losing face. Europe was spared a crisis, but one can imagine d'Estaing's disappointment. As was his wont in such situations, he had very likely read as much as he could on a region unfamiliar to him, but where he was to serve. This could explain his sudden interest in Russian history to the point of being inspired to write on a subject related to its greatest modern hero, Peter the Great.

In 1780, d'Estaing was in Spain on a mission to persuade Charles III to abandon his obsessive insistence to focus the allies' efforts on a siege of Gibraltar, regarded then by most strategists as impregnable, as well as the Spanish king's alternative strategic option, his fascination with the idea of an invasion of England. Instead, the admiral and his superiors in Versailles were convinced that an invasion of Jamaica was much more practical and advantageous. Once conquered, the rich island would represent a bargaining chip of sufficient economic importance for England to trade Gibraltar for it.

It is precisely during the course of these discussions between Paris and Madrid on strategy that Catherine II's sudden offer to act as mediatrix between the belligerents confused the issues. Catherine had shown friendship toward England, and her impartiality was doubtful. Her initiative was seen as one more attempt by England to separate Spain from France. Russia's entry into the diplomatic arena was also cause for reflexion. D'Estaing was probably among those who were annoyed at this turn of events. His decision to write to honor Catherine I may have been intended to contrast her with Catherine II who was idolized by her numerous mercenary writers.

*   *
*

The manuscript of "Rozenie or the Moscovites" is not in the Admiral's own hand, but neatly transcribed apparently by the same scribe as numerous other texts in the archives at Ravel. It is also filed together with d'Estaing's other manuscripts. With the exception of letters, there are no manuscripts by anyone else but the Admiral in these archives. Like *The Thermopylae,* it is preceded by an introduction. Both introductions are similar in style and in the kind of scholarly details they contain.

One might ask why d'Estaing neglected to publish his "Rozenie or the Moscovites," and why the play has lain dormant without attracting anyone's attention during the past two centuries.[11] In answer to the first question one might say that d'Estaing did not show much eagerness to publish or promote his literary works. In fact, he left unpublished most of what he wrote. As haughty as he was in ceremonies and in all aspects of decorum, he seemed quite reasonable in the assessment of his own accomplishments as a soldier and truly modest with regard to his literary efforts, which he always undertook as an amateur. Furthermore, if the time during which he presumably wrote "Rozenie or the Moscovites" coincided with that of his interest in Russia, it was a fleeting moment in his life.

One might also wonder why the manuscript of "Rozenie or the Moscovites" failed to attract attention until now. One can understand how such an improbable and exotic name as Rozenie could have been overlooked, especially when accompanied by "Moscovites," which was replaced in general usage in France by "Russian" early in the eighteenth century. Furthermore, interest in Russia decreased in France between the end of the *ancien régime* and the formation of the Franco-Russian alliance at the end of the nineteenth century. In any case, until now the play did not catch anyone's attention.

*　　　　*

*

The Author's Treatment of History

In the russophilia raging in France of the time, or more precisely, given the popularity of Russian monarchs among

---

11 Coincidentally, another manuscript pertaining to Catherine I, apparently written by a contemporary of the czarina, was purchased at a flea market in the 1920's by Charles Ziegler who published it under the title *La Première Catherine, seconde femme de Pierre Ier* (Paris: Institut des Sciences Historiques: Dossiers de la Petite histoire, 1956).

French philosophers whose ideas the Admiral generally shared, d'Estaing's curiosity about Russian history could easily be satisfied. Voltaire, with whom he had been in correspondence and who thought highly of him,[12] was flouting his friendship with Catherine II. For his documentation on Russia and Ukraine and the relations between these two countries, d'Estaing probably used the philosophe's *Histoire de Charles XII* (1731, *History of Charles XII)* and his *Histoire de l'empire de Russie sous Pierre le Grand* (1759-63, *History of the Russian Empire under Peter the Great)* and perhaps the popular *Roman d'Azéma* (1764) by Contant d'Orville.[13] These three works which were the principal sources on the subject for a long time could have sufficed to provide him virtually all the information for his play as well as for the ambiance he wanted to create, except for the figure of Mazepa[14] and the role in which he chose to cast him. While his genuine love and respect for history made him strive for historical truth in his own historical studies, in his plays d'Estaing remained closer to French classical writers than to the romantics, using historical elements as points of departure for his imagination, rather than as an unalterable framework. From his introduction it is clear that he consciously sacrificed historical facts for dramatic effect, and he did so with a flippancy which was soon to be banished by the historical reconstructionist bent of romantic writers.

In his introduction, the author of "Rozenie or the Moscovites" first justifies the choice of his subject. Prior to Peter the Great, Moscovites were practically unknown in

---

12 Michel, *op. cit.* 141.

13 Voltaire, *Histoire de Charles XII* et *Histoire de Russie sous Pierre le Grand* (Paris: Firmin-Didot, 1898); Contant d'Orville, *Mémoires d'Azéma* (Amsterdam, 1764) 356.

14 Ivan Stepanovitch Mazepa's (1645-1709) name is written with one p in Ukrainian and in English. In French, however, since Voltaire, the name has been spelled with two *p's*. Therefore we have kept the French spelling within the text of the play.

Western Europe. Since his reign of reform and building, the empire he left had been playing such an important role that the general public could ignore it no longer. D'Estaing believed that Peter had not made a favorable impression upon the French during his 1717 visit to Paris because French courtiers, accustomed to the refined court ceremonial and to good manners, were shocked by the czar's excessive simplicity and even boorishness in his habit of seeking what he considered important. Although in "Rozenie" the reader is aware of the czar's wild and violent character, the author did refine his language and his attitudes so as not to shock aristocratic French audiences. Clearly, Peter is portrayed in such a way as to improve his image. At times, the expression of his love to Rozenie is quite tender and reminiscent of that of a genteel Parisian marquis.

One is puzzled by d'Estaing's choice of Catherine I as the heroine of his play. No doubt he was inspired by her truly extraordinary destiny. As Voltaire wrote, "fate and merit have shown only once in the history of the world a foreign woman become the absolute monarch of an empire where she had been brought as a captive."[15] Curiously, this unique and extraordinary destiny had inspired very few works in any genre and in any language. In addition to being attracted by the originality of the subject, d'Estaing might have felt that in contrast to Peter the Great and Catherine II, on whom numerous works had been and were being written, Catherine I had been unfairly overlooked. A great admirer of merit, he would have been following his natural inclination in attempting to right what he might have perceived as a wrong.

Although even in this play Catherine I is eclipsed by the czar whenever they share the stage, she is the heroine and the action is propelled by events regarding her. The author probably thought it would be more "theatrical" to call her Rozenie than Martha, her original given name. One would agree that it is less

---

[15] Voltaire, *op.cit.,* 356.

common and even somewhat exotic. And one must admit that it was quite ingenious to have derived Rozenie, a viable name, from Rosen, the name of Martha's putative father. To 18th-century French ears, it rang much like Roxane, the heroine in Racine's *Bajazet* (1672).[16] Like most of his contemporaries, d'Estaing was a great admirer of the French classical theater of the previous century and its influence is evident in his own writings, including in "Rozenie or the Moscovites." Giving Rozenie Tatar origins and making her a Moslem may have also been inspired by Racine.

Changing Catherine I's origins was nonetheless a serious and deliberate alteration of history, made presumably for dramatic effect. Voltaire, the principal authority on the subject at the time, does state in the first part of his *History of the Russian Empire under Peter the Great* that she was Livonian. In the second part of his work he also relates the circumstances under which Catherine's brother Charles Scavronski [Skawronski] was found. Later it was thought that they were the children of Polish workers who had migrated to Derpt [Dorpat, Estonia], where they died, leaving two starving children, Martha and Charles, three and five years old, respectively. A peasant took the boy in his care while a Lutheran vicar cared for the girl until a pastor, Gluck, who had come to visit the devastated area, took Martha with him to his home in Marienburg where she lived until she was taken away as a prisoner by the Russians.

---

[16] The name in various forms is very ancient. Roxana was the name of Alexander the Great's wife. In the 16th century, the wife of Sulayman the Magnificent was a Roxelana, brought as a captive from Ukraine. She also played an important role at the side of the Sultan, like Catherine at Peter's side, although cultural obstacles prevented her from attaining supreme power. Her extraordinary destiny inspired several plays in French during the 17th and 18th centuries. Thus, Voltaire's and d'Estaing's assumption about the uniqueness of Catherine I's destiny is not quite justified. One might add that for centuries Westerners used the name Roxelani to refer to inhabitants of Western Ukraine and the name Oxana is a common name in Ukraine to this day.

Catherine's origins caused the author to be ambivalent on the vital question of merit versus social background. After the czar has declared his love to her and his intention to marry her regardless of her background—hence his great merit, "his noblest trait," in the author's eyes—Rozenie discovers that she is of high princely lineage and therefore even worthier of Alekseievitch. The author's intent to present the czar's decision to marry a slave of obscure origins, which coincided with historical truth, as his noblest deed, is thus diminished by d'Estaing's invention of princely origins for Rozenie, designed to increase her prestige. One wonders at the extent to which d'Estaing's class prejudices or at least his aristocratic inclination overcame his strongly held democratic principles.[17] In any case, his decision to give Rozenie princely lineage adds unnecessary complexity to the play and causes the author to violate history in other ways.

Another equally flagrant alteration of history results from the author's belabored false claim that Rozénie was a virgin prior to her encounter with the czar. It was widely known that Catherine I had been married, albeit for not more than several days, to a Swedish soldier named Kruse, actually a Prussian mercenary in Charles XII's army. However, sycophantic courtiers and writers spread the rumor that this marriage could not have been consummated prior to the siege of Marienburg in 1703 during which Kruse was allegedly killed. Curiously, Voltaire does not refer to Martha's marriage at all. The *philosophe* admits, however, to have used documents sent to him by the Russian court, i.e. official and presumably expurgated accounts. But he was not d'Estaing's only source. According to other documents, Martha's virginity might have been in jeopardy and possibly lost even earlier. Pastor Gluck,

---

[17] Throughout his career, and especially as Admiral in the aristocratic navy, d'Estaing was a strong advocate in favor of rewarding merit over class privilege. Yet, his demeanor and way of life were unmistakenly and at times, even arrogantly aristocratic.

who had been raising Martha, is alleged to have rapidly arranged her marriage with Kruse in order to separate her from his son of the same age, with whom Martha seemed to have been having an affair.[18] While in his introduction d'Estaing wittily casts doubt on the theory that the marriage between Martha and the Swedish soldier was not consummated, he dismisses the latter's survival of the siege as improbable, which indicates that he was familiar with the rumor that the Swede had survived. Some have gone as far as to claim that Kruse was captured six years later by the Russians at the battle of Poltava in 1709. In the hope of better treatment, the poor man is said to have disclosed to his captors his relationship with the czar's wife. The result was the opposite of his naive expectations. He was promptly sent to Siberia. Some say he died three months later, others, that he survived until 1721.[19] For his part, Peter knew that Catherine had lived quite happily with Menshikov until he became attracted to her and confiscated her for himself.

Like Peter, who was bigamous from 1704 to 1725, if this account is indeed true, Catherine was also bigamous from 1703 to 1709 and possibly until 1721. While bigamy was censored throughout Europe, it was a particularly sensitive matter in this case, as the czar was the supreme head of the Russian Orthodox Church. Furthermore, doubts on the marital status of parents could undermine the social status of their children. This might explain why d'Estaing repeatedly emphasizes Rozenie's purity prior to her marriage with Peter. In the play, she claims to have equally rebuffed the pressing advances of the sympathetic gentleman Hitman whom she liked, and those of the "perfidious" Mazepa, whom she despised. The

---

[18] Ziegler, *op. cit.* 7-8.

[19] This episode is related by several authors of memoirs (Ziegler, *op. cit.* 17; Théophile Hallez, *Mémoires secrets pour servir à l'histoire de la cour de Russie sous les règnes de Pierre le Grand et de Catherine Ière,* d'après les manuscrits originaux du Sieur de Villebois, Paris: E. Dentu, 1853, 105-7), and by a number of historians of the 18th century, but not by Voltaire.

introduction of these two characters in the play is problematic as well.

While one can understand the dramatic utility of the totally fictitious character Hitman, there was no reason to include Mazepa, whose presence is in complete contradiction to history. Although a Tatar, that is to say an Asian and Moslem, and thus, according to the prejudiced view of Slavic peoples at the time, expected to be mean and untrustworthy, Hitman is exactly the opposite. Almost always together with Mazepa, he underscores his treachery, cruelty and cynicism. As a liberal anticlerical and anticatholic—as most of his peers were— d'Estaing must have delighted in creating this contrast.

Kantemir,[20] presented for exotic effect as a Tatar converted to Orthodoxy, was in fact a Moldavian Christian prince who, after the Pruth campaign of 1711, had cast his lot with the czar and lost his possessions to the Turks. Obviously, he could not have been present at Poltava. Dimitri Kantemir (1673-1723) is cast in the role of François LeFort (1656-1699), the Swiss who, until a decade earlier, had been one of the czar's principal advisor as well as the major inspirer of reforms designed to westernize Russia. The Tatar disguise enables the author to orchestrate a typically 18th-century melodramatic scene of recognition, as Kantemir turns out to be Rozenie's father at the very moment she was going to kill him. The decision to introduce this character into the play under this name is perhaps due to the fact that Kantemir's son Antioch Kantemir (1708-

---

[20] D'Estaing misspells the name as Cantimir. We are using the spellings in general use today: *Kantemir* in English and *Cantemir* in French. In his account of the Pruth campaign, Voltaire draws a parallel between Kantemir's role in Peter the Great's plans and that of Mazepa in Charles XII's. Indeed, Kantemir turned against the Sultan, his overlord, to join the czar but then contributed to placing Peter's army in great danger by failing to provide the supplies he had promised, just as Mazepa, who turned against the czar to join Charles XII but failed to bring the latter all the aid he had promised to provide. Finally, both Kantemir and Mazepa were motivated by the will to free their people from foreign domination (Voltaire, *op. cit.* 401).

1744) had served as Russia's ambassador first to England, and then to France from 1739 to 1744, where he died. He was highly respected as a diplomat and as a man of letters.[21] The author had no doubt heard of him.

For dramatic effect, d'Estaing has the czar and Rozenie first see each other on the field of battle at Poltava, whereas they had met six years earlier in Aleksandr Danilovich Menshikov's (1672-1729) palace shortly after the 1703 capture of Marienburg. In reality, Peter and Catherine had been married secretly since 1707 and Catherine had borne the czar at least one living child. Was this distortion of chronology necessary? Only if the author wanted to capitalize on the universally known battle of Poltava. It is not as irksome as other cases where he disregards historic facts.

*   *

*

The Treatment of Mazepa

In addition to the problem of chronology, Mazepa's presence in the czar's entourage is simply not plausible at Poltava. Indeed, weeks prior to the battle, Mazepa had sided openly with Charles XII of Sweden in the hope of freeing Ukraine from Moscovite domination. After their defeat at Poltava, Charles XII and Mazepa fled to Bender in Turkish held territory where the Ukrainian hetman died two months later. Mazepa's portrait, and his role present other problems as well. In fact, they add such an important dimension that they make one wonder about the author's sources of information and even his motivation. Did d'Estaing, like Voltaire, rely on information supplied by the Russian court?

One is also puzzled by the fact that, although writing in the pre-Romantic period, approximately a generation before

---

21 Antioch Kantemir was famous for his *Satires,* one of the earliest Russian works to have been translated into French (1749).

many of the greatest Romantic writers—Byron, Hugo, Pushkin, Slowacki—as well as a number of painters who were fascinated by various aspects as Mazepa's extraordinary adventures, d'Estaing, who was among the first writers to give the hetman an important role in a play, chose to disregard both legend and history in favor of a politically biased view.

If d'Estaing found Catherine I's extraordinary destiny worthy of glorification, it is strange that Mazepa's alleged treason could obscure for him the hetman's seductive charm for which he had been famous throughout his life, the extraordinary punishment inflicted on him by a jealous husband—his ride into Ukraine tied naked on a wild steed—and his rise from the state of fugitive to the supreme leadership of the Cossacks.

While Western Europeans knew that Ukraine had been a protectorate of Russia since the Treaty of Pereyaslava in 1654, Mazepa's decision to form an alliance with Charles XII against Peter I was not generally viewed as particularly scandalous. As Charles XII's ambassador, Neugebauer explained to the grand vizir in Istanbul,

> the Cossacks are not the subjects of the Czar. They had merely accepted his distant protection. Therefore, they had every right to take up arms against a tyranny which did not conceal its plan to annihilate all the freedoms of the Cossacks.[22]

Changes of allegiance and alliances dictated by national imperatives had often occurred everywhere in Europe. For example, the numerous changes of alliances during the 17th and 18th centuries by the electors of Saxony were not viewed as acts of treason but merely as errors when they had adverse consequences for Saxony.

In his *History of Charles XII,* written without any input from official Russian sources, Voltaire explains with some

---

[22] As quoted by Elie Borschak and René Martel in *La Vie de Mazeppa* (Paris: Calmann-Lévy, 1931), 169.

understanding that after a violent altercation with Peter, who wanted the Cossacks to become more docile,

> Mazepa, once back in Ukraine, decided to rebell. The Swedish army, which appeared at the frontier, made it possible for him to do so. He decided to become independent, and to create for himself a powerful kingdom of Ukraine out of the debris of the Russian empire. He was a courageous, enterprising and indefatigable man, although very old. [Actually Mazepa was only 64 years old at the time.] He secretly formed an alliance with the king of Sweden in order to hasten the czar's fall and take advantage of it (p. 117).

Neither in this passage nor anywhere else is there the slightest condemnation of Mazepa's decision. Thirty years later, however, having become an ardent admirer of Catherine II, Voltaire changed his attitude toward Mazepa considerably. Adopting the Russian perspective, he then considered Mazepa's alliance with Charles XII an act of high treason, and wrote that

> gratefulness should have bound him to the czar to whom he owed his position; but either he indeed had cause to complain against this prince, or he was fascinated by Charles XII's glory, or rather because he was striving to become independent, he had betrayed his benefactor and had secretly become an ally of the king of Sweden, confident in his ability to make his entire nation to rise in rebellion as well (376).[23]

---

[23] Commenting on the Cossacks who decided not to follow Mazepa when he joined Charles XII, Voltaire showed his bias again when he wrote that "these fine people were horrified by the hetman's plan and they did not want to betray a monarch about whom they had no complaints" (379). On the contrary, there is ample evidence of deep dissatisfaction among the Cossacks with the czar and with their hetman precisely because he had served the czar too faithfully, even to their detriment. When they learned of Mazepa's intention to support Charles XII against the czar, they were simply unprepared for such a radical change in policy, and in their confusion, decided not to take part in the struggle. If they were horrified, it was at the thought of Peter's reprisals. Significantly, most did not rally to the czar's

This brings us to another much belabored point in anti-Mazepist literature, that of Mazepa's ungratefulness to the czar. Mazepa did not owe his position to the benevolence of the czar since he had been elected hetman by his fellow Cossack leaders in 1687, under Sophia Alekseyevna's regency, two years before Peter I took power. Mazepa had no reason to regard the czar as a benefactor. If he enjoyed Peter's confidence, it was because under the circumstances he was forced to serve him well.

It was Peter's extraordinarily violent and cruel reaction to Mazepa's decision to break with him and his vindictiveness that were found shocking. When informed by his ambassador in Istanbul that the Sultan had received the offer of an enormous sum of money with the request to turn Mazepa over to the czar, Louis XIV, through his ambassador, immediately urged the Sultan not to accept such an offer, saying that it would be ignominious and unworthy of a great ruler to comply with such a request. The Sultan rejected the czar's offer. In the meantime, the Zaporozhye Cossacks who had followed Mazepa against Peter and who were captured on the left bank of the Dniepr, were mercilessly executed, or more precisely, tortured to death, just as the entire population of the city of Baturin, Mazepa's capital, had been exterminated prior to the battle of Poltava. Furthermore, he carried out a thorough purge of the intelligentsia, which had sided with Mazepa. Over nine hundred of its members were tortured and killed, while their possessions were confiscated and their families exiled. Mazepa himself was solemnly anathemized. This barbaric ceremony was ordered

---

side against Mazepa. In his narration of the capture and destruction of Baturin, Mazepa's capital, Voltaire's bias is also quite evident: "Baturin was taken almost without resistance, destroyed and reduced to ashes [..] The czar wanted an impressive repression to make the people realize the enormity of the treason. The archbishop of Kiev and two others excommunicated Mazepa publicly. He was burned in effigy and several of his accomplices were quartered" (380). Actually 7000 of the 8000 inhabitants of Baturin were slaughtered after the city had been taken. The thousand who excaped did so fighting. Peter's repression was then carried out throughout Ukraine with barbarous cruelty.

repeated in perpetuity each year on the first Sunday of Lent. Incredibly, Peter I's order was carried out throughout the Russian Empire until 1917. Since Mazepa was viewed by Russians as the symbol of Ukrainian patriotism, he was equally vilified during the entire communist period as well. Between 1709 and the 1980's, to say anything positive about Mazepa was considered a crime against the state and severely punished. Like Voltaire, d'Estaing probably knew about Peter the Great's barbaric extermination of Mazepa's troops and supporters, for it had shocked Europe. Yet, he chose to outdo Voltaire and to refer several times in the play to the czar's magnanimity toward Mazepa and Ukrainians. One might assume that he did so for dramatic reasons. The czar had to be worthy of Catherine, the heroine d'Estaing wished to glorify. D'Estaing could also have been influenced by the desire not to offend Russian authorities, a constant concern in the minds of French officials. Or, he might have been manipulated, like Voltaire, by Catherine II's propaganda.

Contrary to most authors then and since, d'Estaing did differentiate correctly and consistently between Russia and Ukraine as well as between Moscovites/Russians on the one hand and Cossacks/Ukrainians on the other. However, one wonders if, like Voltaire, he was not supplied with information by Russian agents. One's suspicion is aroused with regard to Mazepa. To our knowledge, no author on the subject writing outside Russia at the time seems to have been as thoroughly informed of the Russian point of view and as negatively disposed toward Mazepa. For example, in the play, Mazepa himself relates his participation in Tatar raids in Ukraine, particularly resented by Ukrainians, because in these raids Tatars pillaged, destroyed, raped and took young people away into slavery. There is absolutely no evidence that Mazepa participated in such raids. Such disinformation, together with Mazepa's rebellion against the czar, presented as the most ignominious treason, were part and parcel of standard Russian imperial propaganda. Curiously, d'Estaing, who so fervently espoused the cause of American insurgents' rebellion against the British Crown, characterized Mazepa as a traitor, for rebelling against the czar whose tyranny was infinitely harsher than that of George III. So relentlessly is Mazepa accused of treason and characterized as false and perfidious, that he is made to incarnate these characteristics as would a proverbial or literary type.

No doubt d'Estaing believed, as did Voltaire, that Mazepa was simply an opportunistic admirer of Charles XII rather than primarily a patriot. Yet it is highly improbable that Mazepa would have risked his position, even his good relationship with the czar and his immense wealth simply because of his admiration for Charles XII, heroic though the Swedish king was. Such a course of action would have been in complete contradiction with Mazepa's character and the prudence he had shown during two decades as hetman of Ukraine. Furthermore, there is no evidence to substantiate such a hypothesis, whereas there is no doubt that he wanted to free Ukraine from Moscow's domination. His writings and his policies as well as the statements and lifelong activity of his confidante and successor, hetman Pylyp Orlyk, support this view, which is further corroborated by Peter's reaction and that of all his successors.

Before the 19th century, historians neglected to study peoples' aspirations for freedom, and their struggles went unnoticed or were misunderstood and misrepresented. Cultural identity had little bearing on national identity and political status. Even in the West, there was little concern to make political borders coincide with ethnic and cultural ones. Throughout most of the 19th century and until World War I, subjugated peoples' struggles for independence in Central Europe and the Balkans were seen globally as a burdensome problem, threatening the stability of Europe. A similarly unsympathetic and even cynical attitude prevailed in the West until the disintegration of the Soviet empire, a happy change the West did everything it could to prevent and which it only grudgingly begins to recognize. So bound by routine, selfishness and cynicism have been most

Western statesmen, diplomats and scholars that they have almost preferred maintaining stability and the *status quo,* however unjust to the people directly involved.

Among the faults to which d'Estaing admits, although with some flippancy, are the excessive idealization of the romance between Peter and Catherine (*"trop romanesque"*), that the czar is too much in love and that Catherine is too firm and not feminine enough, and Kantemir too prudent. While the czar was thought to esteem and love Catherine more than any of the numerous women he had known, in reality their encounter was scarcely romantic at all, as she had to submit to his will without the slightest courting on the first night he saw her, even though she was quite happy at the time as Menshikov's concubine, and if free, would not have left him for the czar. Beyond this distortion of facts, a more serious flaw is the intensity of the alleged love at first sight between Peter and Catherine. Kantemir's rigidity and excessive prudence would have been far less implausible, had his presence been historically possible.

There is some merit, on the other hand, for the author to have warned his readers of the liberties he was taking with facts.

*　　　*
*

Analysis of the Play

"Rozenie or the Moscovites" pertains little to the Moscovites or Russians in general, and much more to Peter the Great who is presented under his patronymic Alekseievitch, his second wife Catherine I under the name of Rozénie, and the Hetman of Ukraine, Mazepa. The first two are glorified while the third is consistently vilified.

The first act of the play is dominated by Alekseievitch who is first to appear on stage and in an angry mood. He expresses his displeasure over a breach of discipline, the presence of a woman in his camp, located in the vicinity of Poltava where the czar had just won his greatest victory over the

32

Swedes and their Ukrainian allies. As he states his satisfaction for having united his subjects ("L'union de mes sujets fut ma première gloire," v. 18), Kantemir praises him about his achievements, curiously singling out his success in having submitted the

haughty *Russiens* [Ukrainians],[24] formerly proud of their ignorance, stultified by the yoke, raised in poverty, but [who] paradoxically no longer cause [other] peoples to moan under their domination, and [who] at last are becoming more civilized:

L'orgueilleux Russien, fier de son ignorance,
Abruti sous le joug, nourri dans l'indigence,
Ne fait plus sous ses lois gémir l'humanité
Et se dépouille enfin de sa férocité. (v. 62-65)

This description is contradictory, for Ukrainians are said to have been stultified for having been subjugated and for having lived in poverty. At the same time they are accused of having caused humanity to moan under their cruelty. In fact, it is the Russians who under Catherine II imposed their system of serfdom on the Ukrainian peasantry and thereby brought about a cultural regression.

When Kantemir recounts his own life, as recast by d'Estaing, he evokes the loss of his family, including a beloved daughter and his princely possessions, he has been dedicated to the service of the czar, whom he has educated and shielded from his own sister Sophia's intrigues, as well as from the revolt of the *streltsi*. At this point Alekseievitch reluctantly tells Kantemir that he has fallen in love. The circumstances in which this occurred are made to correspond to a dramatic phase in the battle of Poltava. The czar found himself face to face with the most

---

24 *Russiens* designated Ukrainians until well into the 18th century, when gradually the name was replaced by Little Russians. The two names are used almost interchangeably in the play. *Russie* (Russia in English) began to replace *Moscovie* under Peter the Great. Later, Moscovites were increasingly called Russians or Great Russians.

"lovable thing"[25] in the world, comparable to a goddess in the form of a woman:

> [...] de l'univers l'objet le plus aimable.
>
> C'était....C'était sans doute une divinité
>
> Qui d'une femme alors empruntait la beauté. (v. 212-214)

She was among the enemy as he was about to strike her, but missed. In turn, she could have killed him, but the love he inspired her made her hesitate. For both, it was love at first sight. Unfortunately, at that very moment the czar came under pressure from the Swedes and Cossacks and lost sight of her. Since then, he has been unable to find her and instead of rejoycing at his great victory, he is profoundly unhappy.

During his narration of the battle, the czar twice mentions the Swedes in a neutral tone without using any derogatory epithets. The Cossacks are not so fortunate. He refers to them as traitors who are serving his enemies. At first, he was furious against them, but he has pardoned them since (v. 180-188). In the play, magnanimous leniency and forgiveness are among the czar's qualities, but we know that historically they were not and his repression of the Cossacks was so merciless and cruel as to have shocked Europe and drawn the protest of France.

Mazepa's appearance at this point is particularly incongruous, not only because it is so contrary to history, but because he is presented as such an evil character that one wonders how all the others can tolerate him, much less interact with him. The hetman accompanies Hitman as Menshikov comes to report to the czar on the feminine presence in the camp. She is, we learn, a beauty over whose heart the hetman and the Tatar are rivals. Whereas usually there were many women in the czar's camp, it is the Cossacks who did not permit the presence of women in theirs. Here Alekseievitch is infuriated by the

---

[25] Until the middle of the 20th century, when speaking of the woman they loved, some Frenchmen still used the old-fashioned term *objet*.

presence of the woman and orders that she be punished in spite of Menshikov's pleas invoking her great beauty.[26]

At the sight of Kantemir, Rozenie feels a certain uneasiness, although neither she nor he knows about their natural ties. As she tells the story of her life, she reveals her noble character. Although in Mazepa's power since childhood, she has remained proud and pure. She has given in neither to the advances of Mazepa whom she despises because he is perfidious, nor to those of Hitman, the noble and charming Tatar for whom she has high esteem and affection. Thus, although a Slav and a Christian, the hetman is at once presented as ignominious, whereas, for no apparent reason, the heathen Asian Hitman is respectable. In her despair, Rozenie displays her courage by requesting that the dagger given to her by her moribund mother be returned to her so that she might kill herself rather than be humiliated. Kantemir upbraids her in a fatherly fashion for her intention to commit suicide[27] because it is forbidden by Christianity, which he urges her to study and accept.

The villain, Mazepa, is central in the second act. Rozenie confronts him, from the onset calling him a barbarian (v. 3), and accuses him of being responsible for her tragic fate and for the loss of her freedom. He tries to exculpate himself, explaining that before becoming the leader of the Cossacks, he was a mercenary in the service of the Turks, and with them, ravaged Ukraine:

Je faisais acheter les secours de mon bras.

Servant alors des Turcs les projets et la haine,

---

[26] The presence of women was tolerated in Russian military camps. Only in the Pruth campaign in 1711 were women forbidden to accompany the Russian army. The czar specifically forbade Catherine to accompany him, but she disobeyed. Ironically, on this occasion, thanks to her presence of mind, she saved the czar and his army. D'Estaing merely used the regulation excluding women to trigger the beginning of the action of the play.

[27] Suicide was a much debated topic in the 18th century. Many authors found it difficult to avoid discussing it in their works.

Sous leur drapeaux sanglants je ravageai l'Ukraine.

(v. 28-30)

In fact, while Mazepa participated in campaigns against the Tatars and the Turks, as explained earlier, there is no evidence of his serving as a Turkish mercenary. This was anti-Mazepa Moscovite propaganda disseminated from the moment the hetman sided with Charles XII to free Ukraine.

The grievances Mazepa holds against the czar are, however, quite well-founded and historically documented. His resentment of Peter was caused by the latter's flouting of the hetman's rights:

Et ce superbe[28] czar dont l'imprudente audace

M'ose traiter d'esclave et méprise mes droits,

Va me payer cher l'état où je vous vois.

On l'admire, on le craint, et moi je le déteste.

La haine à ce tyran sera bientôt funeste. (v. 62-66)

These complaints were known. Even Voltaire mentions them. Mazepa concludes his tirade against Peter by denying any precise knowledge about Rozenie's origins. Instead, he promises to avenge her by killing the czar, although, as d'Estaing points it out in his introduction, the real Mazepa never did plot Peter's assassination. In the meantime, he advises Rozenie to use her charms with the czar, which she refuses to do. Under no circumstances would she participate in something as vile as an assassination plot. If she sought revenge, she would not do so by committing a crime—something worthy only of a cowardly heart, such as Mazepa's:

Et si je me vengeais, serait-ce par un crime?

Ton coeur, ton lâche coeur, nourri dans les forfaits,

Exécute et conçoit ces horribles projets. (v. 82-84)

Warned by her dying mother about the evil Mazepa, Rozenie persists in accusing him of being the cause of all her misfortunes.

---

[28] *Superbe* meant haughty, proud.

As Hitman arrives on the scene, he too accuses Mazepa of treachery and threatens him with revenge:

> Mon rival en ces lieux, perfide! Quoi! Ta rage
> Pour m'insulter encore contemple ton ouvrage?
> Fier du fatal honneur d'avoir pu m'outrager,
> Ne te souvient-il plus que je sais me venger? (v. 165-168)

Mazepa is so cynical and insensitive to attacks on his honor, that he does not react to these provocations, but instead proposes a scheme apparently intended to save Rozenie. Scrupulously honest, however, she tells her two suitors that she is in love with someone else, a man whose name she does not know.

As Alekseievitch advances, Mazepa rushes Rozenie away, supposedly to save her from the anger of the czar who immediately confronts Mazepa and Hitman, both accused of keeping a woman in the camp. Very pompously the czar reminds the two "princes" that he has the power to "annihilate" them. But, since he pretends not to be a tyrant, he will simply carry out his law. With dignity, Hitman reiterates his submision to the czar's authority, defends Rozenie as an innocent victim, and accuses Mazepa for being the cause of the offense. Thereupon, with servility, Mazepa also makes his submission to the czar, who is not fooled, however, by flattery. He too begins his response to the hetman by calling him a coward and by accusing him of treachery:

> Lâche! Ta perfidie
> Ose donc se porter jusqu'à la flatterie. (v. 285-286)

He reminds him of his treason and of his own purely imaginary clemency:

> Tu me trahissais moins, quand bravant ma colère,
> Tu te joignais à ceux qui me faisaient la guerre.
> Je te vainquis sans peine, et le Nord enchaîné
> S'étonna que son maître eut enfin pardonné. (v. 291-296)

Instead of using his absolute power, he asks Kantemir to adjudicate Rozenie's case. When she arrives to hear her death sentence, she recognizes immediately the czar as the warrior with whom she fell in love on the field of battle. She wastes no time to remind him that she spared his life. At this very moment Alekseievitch recognizes her also and begins to express his love, but stops short when he notices a relationship may exist between Rozenie and Hitman. He orders Menshikov to have her kept under guard. For their part, having realized that they have lost Rozenie to the czar, Mazepa and Hitman decide to take revenge.

Rozenie dominates the action in the third act at the beginning of which we see her expressing her despair. She has decided to kill herself with the dagger given to her by her mother. In the meantime, the czar has been unable to repress his love for her, and he comes to visit her. Their long dialog is designed to reveal the nobility of their souls. Only when they are assured of being worthy of each other, does it become a love duet.

> Oui, seigneur, oui tu l'es; et pour toute la vie.
> Je ne m'en cache plus, je voulais t'éprouver.
> Je cherchais un héros, et j'ai su le trouver." (v. 86-88)

Like a true classical heroine, she wanted to test the man she loves. Once he has proved to be worthy of her, she is proud of the hero she has found.

> Je craignais mon amour, tu le rends légitime,
> Puisque mes sentiments sont fondés sur l'estime.
> (v. 93-94)

Since it is based on mutual respect, their love is legitimate. However, Alekseievitch's question about her relationship with Hitman gives Rozenie an additional opportunity to reveal her noble soul, her high principles and her sublime love. If the czar thought her to be an ordinary woman and still loved her, she would cease to esteem him and consequently to love him.

> Si l'on ne voit en moi qu'une femme ordinaire,
> Je renonce à ta main, ce serait t'abaisser (v. 133-4)

and therefore,

> Si tu t'avilissais, je t'en aimerais moins. (v. 140)

But her fondest hope, which would bring her supreme happiness, would be to love him for himself.

> Mon unique désir et mon bonheur suprême,
> C'est même en t'adorant de t'aimer pour toi-même.
> (v. 141-1)

Here the author is well attuned to the changing attitude toward love which was shifting from the rational, classical ideal to the romantic, focused on the individual. Rozenie loves Alekseievitch for himself.

Alekseievich replies that once Kantemir will have cleared up the suspicions surrounding Rozenie's presence in the camp, a procedure required by law, he will marry her and share his power with her. He confesses that he still has some suspicion regarding Rozenie's life while in Hitman's power. She reassures him by telling him that her virtue, the only means by which she could be worthy of him, saved her: "Je n'ai que ma vertu pour pouvoir t'égaler" (v. 100); and that in any case Hitman was much too respectful of her. Rozenie's faith in the power of virtue is also in keeping with the pre-romantic change in Western mentality occurring in the second half of the 18th century.

> Apprends que la vertu se suffit elle-même.
> Elle assujetit tout à son pouvoir suprême.
> Le crime la respecte; il n'ose qu'en tremblant;
> L'innocence sans crainte effraye le méchant. (v. 185-8)

Alekseievitch shares completely Rozenie's feelings and philosophy. Her love is priceless to him because it was inspired by nature. He wants to proclaim before the universe this elevating manifestation of virtue, which he adores in Rozenie.

> Qu'un si charmant aveu dicté par la nature
> Est pour un tendre amant l'offrande la plus pure!
> Que j'en connais le prix! Le trouble de mes sens
> N'exprime point assez tout l'amour que je sens.
> Venez! c'est trop tarder. Que l'univers apprenne
> Qu'en ces lieux la vertu peut s'élever sans peine,

Que je l'adore en vous, qu'elle a fixé mon choix,
Que les mortels sont nés pour vivre sous mes lois.
(v. 213-220)

Love has transformed the majestic monarch Alekseievitch into a tender lover who accepts the laws of nature as supreme. Love, a natural phenomenon, also has the power of making men equal as the principles propounded by the philosophes would make them equal before the law.

After reaching such a perfect agreement, the lovers are disunited, however, by the news brought by Kantemir who naively declares that Rozenie is innocent indeed. Instead, her "husband" Hitman is the culprit. Thus, Alekseievitch is shocked to learn that Rozenie is allegedly married. He regards the fact that she concealed this from him as a "crime" and a proof of her dishonesty. Understandably, this causes a crisis in their relationship. Ironically, Kantemir, Rozenie's father, is her most unflinching prosecutor. As she is taken away under guard, Alekseievitch vituperates against women, but at the same time he admits to be distressed by the result of Kantemir's diligent investigation. Rapidly his grief turns to rage and he warns that it could lead him to horrific deeds. The thought of killing Kantemir crosses his mind: "Je pourrais me porter au comble de l'horreur" (v. 292).

As he reflects on Rozenie's apparent treachery, he decides that both she and her Tatar husband deserve to die. Kantemir reminds him that his honor as a hero obligates him to observe the laws rather than to follow his impulse. Thereupon, Menshikov arrives to communicate to Alekseievitch Rozenie's plea to be heard by him. The czar accepts to see Hitman in Rozenie's presence. While lamenting the turn of events, he regains his composure and his heroic fortitude. This was particularly difficult for him because he had never experienced love before: "Nul amour jusqu'ici n'avait flétri mon coeur" (v. 402). He is resolved to do his duty. This is totally contrary to the facts. When he met the future Catherine, the czar was not a young and innocent romantic hero. He had been married since

1689, and all along, any woman he liked had had to submit to his will at once and without his taking the slightest trouble to court her. This is one of the embellishments of the czar's character the author felt obliged to add so as to make him more agreeable to the French public.

The fourth act is dominated again by Mazepa, who is described organizing a plot. First he scornfully reproaches Hitman for his hesitation in carrying out their decision to kill the czar. The Tatar explains that the czar would already be dead if he did not consider such an act abject:

Ce czar qui m'a vaincu serait déjà sans vie
Si sa mort à mes yeux n'eût paru perfidie. (v. 25-26)

Strange attitude for a vanquished foe to have toward his conqueror. The message here is quite clear: for anyone, even a subjugated enemy, to plot the assassination of the czar is ignominious. This is clearly a Moscovite point of view, designed to underscore the evil of Mazepa's alleged intention. In general, however, d'Estaing would have agreed that all rebellions are considered treason by the oppressor and heroic by the oppressed.

Hitman goes even further. He admits to having been cruel, but he finds even ruse against the czar dishonorable. Mazepa has to explain to him that only through treason can they obtain vengeance: "La seule trahison nous mène à la vengeance" (v. 9). Finally, Hitman decides to kill Alekseievitch because Rozenie loves him and because through this act he will recover his freedom.

Puisqu'il faut malgré moi que je devienne un traître,
Je choisis le forfait qui me laisse sans maître. (v. 33-34)

He admits that such a plan will not be easy because Alekseievitch's army is well disciplined and organized. When Mazepa assures him of the help of his accomplices, he responds with scorn that he would not rely on traitors. For, says he, these cowardly Ukrainians who follow Mazepa have no real interest in the plot. Furthermore, since they were won over once with Swedish gold, they could be bought again:

Ces tremblants Russiens qui suivent ta fortune
N'ont qu'un faible intérêt à la cause commune.
Leur coeur que tu gagnas par l'or des Suédois
Etant traître à ce prix, peut bien l'être deux fois. (v. 65-68)

In reality, it was Charles XII who expected to receive supplies and financial aid from Mazepa. This gratuitous smearing of Mazepa and his men is again merely the echo of propaganda disseminated by the Russians at the time of Poltava and since. Catherine II took great care in feeding such disinformation to Voltaire. As a result, a complete change in the historian's attitude toward Mazepa and Ukraine took place between his *History of Charles XII* and his *History of the Russians Empire under Peter the Great.* When Gregory Orlyk, the son of Pylyp Orlik, was providing him with information for his *Charles XII,* Voltaire saw that Ukraine had to become independent. When the Moscovite Shuvalov supplied to the *philosophe* documents approved by Catherine II as well as generous gifts, he glorified the imperial vision which clearly also influenced d'Estaing and many others after them. Mazepa is a perfidious traitor for having attempted to free his people from Moscovite oppression whereas the noble Hitman's will to insure that his people will not be governed by foreigners but by their own Khans, is presented as admirable.

.......Astrakhan où régnaient mes ancêtres
N'aura plus, si je vis, que des Khans pour maîtres.
(v. 73-4)

This is an exemple of internal contradiction resulting from a double standard within the play: it was a duty for Mazepa and his people to accept Moscovite rule, whereas the people of Astrakhan should have no foreign masters. After two centuries of colonization and decolonization, such inconsistency remains common today, especially with regard to the question of national independence. Even in our time many experts and statesmen, otherwise staunch suporters of democracy, have advocated self-

42

determination in some parts of the world and unabashedly rejected it in others.

When Hitman confesses that his only regret will be Rozénie's displeasure when she learns of his betrayal of the czar, Mazepa reassures him with his usual flippant cynicism:

L'amour, l'ambition rendent tout légitime,
Tromper est un honneur. L'être, voilà le crime. (v. 97-98)

When Alekseievitch arrives, Mazepa hypocritically abandons all claim to Rozenie and submits to the czar with servility. One is amused to see Alekseievitch inquire about the nature of Rozenie's marriage with Hitman. In search for a loophole, he is reassured to learn that it was not a Christian marriage, therefore it can be regarded as invalid. Thereupon it is with bitterness that Hitman recognizes the omnipotence of the czar. In the meantime, Rozenie has returned to strenuously deny having been married to Hitman. She expresses shock on learning that Hitman should have endorsed such falsehood and does not miss the opportunity either to say that such duplicity would not have been so shocking to her if it had come from that "crowned scroundrel," Mazepa:

Si c'était Mazepa, ce brigand couronné,
Cet horrible forfait m'aurait moins étonnée. (v. 159-60)

She threatens to kill herself in order to force Hitman to confess that she has never been his wife. When he finally does, Alekseievitch is relieved and gives him his pardon, and asks Rozenie for hers. Although angry for his not having trusted her, she forgives him because she cannot conceal her feelings:

En faveur du héros, je fais grâce à l'amant. v. 240).

Alekseievitch also declares his love again and his intention to marry Rozenie and to share his power with her:

Oui, l'amant vous adore et le czar vous couronne...
(v.242)
A vous ainsi qu'à moi je veux qu'il [le Nord] obéisse.
(v. 253)

Already he foresees that she will strengthen his realm:

[...] vous affermirez son éclat et ses droits. (v. 255-56)

This could be the happy ending of the play. Ironically, Kantemir remains conviced, however, that Alekseievitch is being misled by his sentiments. The old advisor accepts to participate in yet another plot hatched by Mazepa and designed to enable Hitman to flee with Rozenie. "Elle est à lui s'il ôse" (She is his, if he dares to take her), assures Kantemir. Before acting, Hitman asks Mazepa to reveal to him Rozenie's true past. Again cynically Mazepa retells his career as a bandit under the Muslim flag.

> N'étant point prince alors, osant être brigand,
> J'y suivis, peu connu, l'étendard du Croissant.(v. 343-4)

As he could scarcely have wished such activity to be known by his people, he did not fight for glory then, but for booty and his soldiers, always ready for pillage and never for combat, followed him gladly:

> [...] J'y guidais mes soldats
> Que l'on voit au pillage et jamais aux combats.
> (v. 347-48)

Again, the author puts in Mazepa's mouth lines of propaganda spread about him by the Russians designed to smear him and his Cossacks. He then explains that after having captured her he looked after Rozenie at first in the hope of exchanging her for a handsome ransom. Since becoming head of his people, however, he had imagined using her in his political schemes, namely in blackmailing Kantemir.

> Depuis, devenu chef de mes concitoyens,
> Ma politique a dû prolonger ces liens. (v. 359-60)

Unhappy to be under the czar's authority, he wanted to rebel, but prudently:

> Mécontent dès longtemps, rebelle avec prudence.
> (v. 361)

Thus Mazepa's grand design, which was not basely material or personal, but a political one—the concern for his fellow citizens—is unwittingly confirmed within the play itself.

To his ally, however, he revealed only part of his plan. After Hitman would have killed Alekseievitch, compounding his criminal duplicity, Mazepa intended to kill him in order to remain sole victor. Then, as the empire would begin to unravel, Mazepa would be able to serve Charles. One wonders why. Once at the helm of a free Ukraine, why would Mazepa want to serve any foreign monarch? Anti-Mazepist propaganda clearly results in one of the author's weakest inventions. In the end, Mazepa foresees his victory as the result of "dark politics," which he regards as preferable to Charles XII's "heroic genius," for he mocks virtue, power, honor, courage and love:

Vertu, pouvoir, honneur, et courage et tendresse. (v. 393)

The fifth act takes place in the darkness of night. As she is led away by Menshikov, Rozenie laments over her destiny. Like a classical heroine, she is caught helpless in the midst of dark machinations. A Tatar arrives and in Hitman's name asks her to flee with him. She immediately guesses that Mazepa is behind this plan and that Alekseievitch is in danger, for the Tatar has unwittingly revealed that the purpose of the plot is to break the bounds of tyranny:

Hitman et Mazepa, le Cosaque avec eux,

Vont de la tyrannie enfin rompre les noeuds. v. 89-90)

Thus at least once, in the eyes of an ordinary Tatar soldier, Mazepa and his men appear in a positive and true light, as freedom fighters. However, Menshikov understands also, and orders the Tatar's arrest. As the fighting intensifies, Rozenie fears that Alekseievitch, "the greatest of humans," (v. 114), to whom in anticipation she refers as her husband, might already be dead. She is overwhelmed with grief and despair.

In the midst of the chaos, Kantemir appears, lamenting his inability to control a plot that has gotten out of hand and which is having disastrous consequences. When Rozenie stumbles upon him, he tells her that her husband, meaning Hitman, has been killed by Mazepa. Thinking that he was speaking of Alekseievitch, Rozenie is about to kill Kantemir with her dagger, which he recognizes and because of it, realizes that Rozenie is his daughter. Holding him responsible, hoever, she persists in her intention to kill him until she sees Alekseievitch appear. In his narration of the battle, his *récit,* a set piece in classical tragedy, the czar gives a detailed account of the coup that almost succeeded. He was able, however, to prevent "the traitor" Mazepa from killing him and winning. Now the situation is again under control. Mazepa and "his cowards" have been able to flee to the Turks, while the remainder of his men plead for mercy. The czar has learned the truth about Rozenie and thus is able to confirm that Kantemir is her father. A dying Hitman told him that her high birth makes her equal to him ("son rang l'égale à toi"), and that she is pure. This pompous wording, "sa vertu fut sans tache" (her virtue was without stain) is reminiscent of that used in reference to the Virgin.

There follows a typically melodramatic recognition scene, almost a common feature in plays of this period. Rozenie has found her father at last, in the same state as she had found her mother at the beginning of the play. Just as Rozenie's mother had revealed her identity after being mortally wounded, so did her father inform her that she was his daughter. Clearly, Rozenie is not a "foundling." She merely had the great misfortune, caused by the traitor Mazepa, to be separated from her parents. She asks Kantemir, her father, to pardon her for having wanted to kill him. He in turn asks Alekseievitch to initiate Rozenie into the Christian religion. At the sight of his children's happiness—for Kantemir had paternal feelings toward the czar—he can face death with serenity. Meanwhile, Alekseievitch pardons Mazepa's co-conspirators, to whom he refers as "criminals." Three innocents, Rozenie's mother, her father Kantemir, and Hitman have died tragically, but not before revealing information essential for the resolution of the heroine's crisis. Rozenie emerges from her trials and tribulations with dignity, her lofty birth unquestionably established, her virtue extolled. Her heroism makes her worthy of Alekseievitch, and her lineage, of him as czar. As she is about to ascend the steps of the throne, her glorification takes on some of the aspects of an apotheosis.

Even though not intended to be the most important character, the czar nevertheless dominates the play by the power he incarnates as the autocratic ruler of an immense and powerful empire as well as by the prestige of his extraordinary accomplishments as conqueror and lawgiver. The despot, which the czar was in fact, is presented in a version modified by an 18th century liberal, so as to correspond to the moderate and enlightened ideal of despotism proposed by the *philosophes*. Alekseievitch professes to abide by the law he has given his people and, on the personal level, he does not bring power into play. He seeks the esteem of others and wants to be loved not because he is czar, but for his personal merit. Thus, on the personal level, like a romantic hero, he strives to be loved as an individual, rather than for his unique and historical position. On the political level, the representation of the autocrat of the North as progressive, law-abiding, and forgiving even to his enemies was intended as a jab at the *ancien régime.*

Rozenie shares his idealism, but she is romantic in a different way. In addition to being meritorious for having avoided being corrupted in the most adverse circumstances, she inspires sympathy as a victim of an unrelenting fate. Her exotic origins and mysterious past also add to her romantic character. Contrary to classical tragedy, where the forces against which the heroine struggles would have remained mysterious, in d'Estaing's play they are elucidated. Rozenie has been the victim of Mazepa's felonious scheming since childhood. Just as Alekseievitch is characterized by greatness and nobility, so is Rozenie by purity of heart and integrity.

Mazepa is throughout the complete villain. He incarnates evil and acts as its instrument so thoroughly and consistently, that he becomes a dark romantic anti-hero. The great romantic poets Byron, Hugo and Pushkin, on the other hand, celebrated

Mazepa as the hero of an adventure so extraordinary as to be a myth.

While the satire against royal prejudice as expressed by Alexeievitch's intention to marry Rozenie regardless of her social status and religion implicitly satirize social prejudice prevailing under the *ancien régime,* while the irresistible love binding Alekseievitch and Rozenie in the face of adversity, the scheming and plotting of Mazepa as an evil force, and the themes of freedom for individuals and peoples already have a distinctly romantic character. Although d'Estaing modeled his play on 17th century classical French tragedy, and more precisely on Racine's, the characters and themes of "Rozenie and the Moscovites" already bear resemblance to those of the romantic period. Thus, this play has importance on the literary as well as the political level.

*   *
*

Conclusion

The author has succeeded in attaining at least one of his stated goals: "Rozenie or the Moscovites" is a glorification of Catherine I and the image of Peter I is much enhanced as well. In his most important goal, however, that of making his Western contemporaries better informed of who the Russians really were, he did not succeed, because he has taken too many liberties with history. Had this play been published at the time of its writing, it would have added to the disinformation caused by Voltaire's *History of the Russian Empire under Peter the Great.* Whereas the *philosophe's* work was simply biased history, and historians knew it even then, d'Estaing's historical play poses the problem of the biased use of history in literature.

Aristotelian aesthetics did not prescribe to authors of tragedies rigorous rendition of historic events, this being the function of history itself. In tragedy, the poet could be selective, and he could express his personal vision and feelings through emphasis, but he was not deliberately to distort historical facts, for this would have been tantamount to distorting reality—the opposite of the cardinal aristotelian and classical rule of art. Indeed, mythology, rather than history, had been the source of the tragic poems, which formed Aristotle's frame of reference. The problem of historical truth began to pose itself gradually as sources of tragedy were sought in ever more recent history. The seventeenth century French public was not troubled by liberties Racine took in his adaptations of Hippolytus or Andromache. The facts were so distant in time and so nebulous that arranging them according to one's dramatic needs did not irk the public. Similar treatment of historical subjects is more hazardous and in fact becomes inadmissible when one deals with historical facts closer in time to one's audience. Since the Romantic period, taste and attitude continued to evolve toward a demand for increasing historical truth. As a result of this evolution, d'Estaing's cavalier alterations of history will irk modern readers in proportion to their knowledge of the history of the subject. Resulting thematic contradictions are also troublesome. To this reader, this is the principal weakness in d'Estaing's play.

Nonetheless, "Rozenie or the Moscovites" is in several respects an interesting and an important play. It is not without beauty. With the exception of Alekseievitch's bombastic tirades when he is posturing as emperor, and the melodramatic tones in Rozenie's boastful declamation about her virtue, the language is clear, dynamic, and concise to the point of being lapidary at times. Abundant maxims capture the moral elements of the play. Historical considerations aside, the complexity of the plot does not render it excessively implausible, with the exception perhaps of the initial event: the way in which Rozenie and Alekseievitch fall in love at first sight right on the battle field. Of course, one could defend d'Estaing saying that Rozenie was the only woman Alekseievitch had seen for some time. It is, however, more difficult to explain Rozenie's falling in love with Alekseievitch, for she had been surrounded by men and pursued by two suitors. The dialogs would be livelier if not interspersed by the long tirades of Alekseievitch, Rozenie and Mazepa. Although built on distorted historical foundations, for the most part the characters are internally consistent. Throughout the play events unfold in smooth and lively fashion and sustain the interest of the reader.

By its tone, which is always elevated, and by its rhythm, "Rozenie or the Moscovites" would not be out of place in an anthology of 18th century French theater. While it is not in the class of Marivaux' or Beaumarchais' masterpieces, it has little to envy Voltaire's plays. Furthermore, whereas few of Voltaire's plays still have a documentary value, this one does. It is one of the few French literary works written on a Russian subject in the 18th century. According to Albert Lortholary, fewer than a dozen literary works written during that period[29] dealt with Russia. Furthermore, "Rozenie or the Moscovites" appears to be the only play written on Catherine I of Russia in French in the 18th century.[30] Her unique destiny was overshadowed by Peter I and later by Catherine II.

Mazepa is not only one of very few modern mythical figures, but one to have inspired more French Romantic artists

---

[29] Albert Lortholary, *Le Mirage russe en France au XVIIIe siècle* (Paris: Boivin, 1951), 68-76, 305-307.

[30] During the 19th century, especially during the Romantic period, episodes of Russian history inspired a substantial number of tragedies, dramas, comedies, comic operas, novels and even an epic poem. Peter I was the subject of enough of these works for some critics to have referred to them as the "cycle of Peter the Great." Hippolyte Augé and Charles Desnoyers wrote a *Pierre le Grand* (1836; Peter the Great) which had as its major theme the marriage of Peter and Catherine. In 1848, Balzac was dreaming of writing a "Shakespearean play" on Peter and Catherine, but never found the time to realize this dream. It is Eugène Scribe who wrote the best play on the subject in 1855, *La Czarine* (The Czarina) after having written the previous year the three-act libretto of a comic opera entitled *Etoile du Nord* (1854; The Northern Star), set to music by G. Meyerbeer (Michel Cadot: *La Russie dans la vie intellectuelle française 1839-1855.* Paris: Fayard, 1961, 392-94).

50

than any other Slavic figure. Contant d'Orville who contributed much to spread Mazepa's story in the 18th century, treated it as an adventure story. Byron, Hugo and the painters of the 19th century were fascinated by young Mazepa's adventure, rather than his destiny. They hardly saw in Mazepa a leader struggling for his people's freedom whose only chance was to tie their destiny to the fate of Charles XII, a reckless hero. As fate deserted the Swedish king and the Ukrainian hetman, the destiny of an entire people was sealed for centuries to come. D'Estaing's originality is to have treated the tragic end of the second phase of Mazepa's extraordinary political career, albeit in a totally negative light, apparently to enhance Catherine's and Peter's greatness, and probably also because this aspect of Mazepa's life had been contaminated by the falsifiers of history.

During most of the 20th century the questions raised by such figures as Mazepa were not discussed in the communist world for fear of repression, and, in the West, for lack of interest. As both Russia and Ukraine are freeing themselves of imperialism, their history will be reexamined in circumstances more propitious for truth to emerge. It may be timely to add "Rozenie or the Moscovites" to the documents on this important phase in the history of Eastern Europe.

The analysis and interpretation of "Rozenie or the Moscovites" presented here are the first to have been proposed. They are inevitably incomplete. Once published, however, the text will at last begin an existence of its own and be open to other interpretations.

Introduction et notes historiques sur la tragédie de "Rozénie"

Le sujet de cette pièce est historique autant qu'il le peut être. Le peuple qu'on y introduit sur la scène commence à jouer un rôle important sur celle du monde. Les Moscovites[a] inconnus avant Pierre le Grand ne le sont plus. Paris, en voyant dans son sein ce législateur du Nord, l'a méconnu. Le grand homme, dit M. de Voltaire, lui a échappé. Les Français veulent que leurs héros soient aimables. Ils méconnaîtraient encore Pierre Alekseïevitch. Les traits sous lesquels on le leur offre sont plus adoucis. Peut-être seront-ils trouvés trop faibles. On a trop sacrifié au caractère de la femme que ce prince a choisi. Ce choix est dans cette pièce la principale vertu du tsar. L'objet choisi en est le héros. C'est cet événement que l'on prétend décrire.

Le nom de Rozénie, plus théâtral que celui de Marthe, n'est pas la seule raison qui l'a fait donner à cette pièce. Obligé par la vraisemblance et l'intérêt de s'éloigner de l'histoire, on s'en est rapproché autant qu'il a été possible.[1]

---

[a] Until the end of the 18th century, the word "Moscovites" remained widely used in spite of the latter's preference for the word "Russian", which had a broader meaning. Soon Westerners were to confuse all Slavic nationalities incorporated in the Tsarist Empire and later in the Soviet Union, and referred to them as "Russian". D'Estaing maintains a clear distinction between "Moscovites" and "Russiens", i.e. Russians and Ukrainians. [Annotation in English by J.-P. C]

[1] *Histoire de Charles XII* par M. de Voltaire. *Mémoires de Pierre le Grand, autocrate. Lettre écrite de Lithuanie sur l'origine de l'Impératrice Catherine Alekseïevna.* [D'Estaing seems to have consulted *Les Mémoires de Pierre le Grand,* which had been published in a French translation, as well as an

Marthe, connue depuis sous les noms de Catherine Alekseïevna et de tsarine, était à ce qu'on prétend du village de Ringen près de Dorpt [Dorpat] en Estonie. Sa mère s'appelait Erb Magden, nom donné aux filles des paysans de ce pays qui, n'étant pas encore mariées, sont presque totalement esclaves du seigneur. Celui de Ringen, appelé Rozen, Lieutenant-Colonel dans les troupes de Suède, s'abaissa dans un de ses quartiers d'hiver jusqu'à faire un enfant à l'Erb Magden de son hameau. Ce fut, à ce qu'on prétend, à lui que la tsarine dut naissance. Forcé d'enlever à cet officier une fille aussi illustre, on a réparé cette injure en son nom. Ce que l'on dit de la naissance de la femme de Pierre le Grand est moins une certitude qu'une conjecture adoptée par le plus grand nombre. Quelques courtisans la font descendre de la famille d'Albendiel.[2] Les moins flatteurs lui donnent un faussoyeur pour père. L'histoire étant douteuse, l'auteur, peut-être à tort, s'est arrogé le droit d'imaginer. On ne peut contredire sa chimère. Il a soin d'imposer aux acteurs qui savent son secret la loi de n'en parler que sur la scène.

Les parents de Marthe étaient si peu connus qu'on l'appelait dans son village *fundling,* nom qui signifie à peu près la même chose que celui d'enfant trouvé. La seule preuve qu'on ait de la paternité de Rozen est le soin qu'il prit tant de fournir à la subsistance de la mère et de l'enfant. Après sa mort, le vicaire du lieu le remplaça. Il recueillit à l'âge de trois ans cette

---

anonymous *Lettre écrite de Lithuanie sur l'origine de l'impératrice Catherine Alekseïevna* (Letter written in Lithuania on the Background of Empress Catherine Alekseievna). The first of these works expresses Peter I's very high regard for Catherine and his gratitude for her presence of mind in the Pruth Campaign. The second probably inspired the false hypothesis regarding Rozen's paternity of Catherine.

[2] Voir dans les tables généalogiques. [An Albedyl or Albedhyll family was established in Livland, i.e. in southern Livonia as early as the 16th century. A Henrik Otto, Friherr von Albendyl, did serve in Rozen's musketeer regiment. Apparently, in the minds of the courtiers to whom d'Estaing is referring, as well as in his own mind, Albendhyl and Rozen became confused.]

malheureuse orpheline. La modicité du bénéfice du luthérien lui rendant ce fardeau pesant, un nommé Gluck, surintendant ecclésiastique qui habitait à Marienburg, l'en débarassa. Il emmena dans une de ses visites cette fille qui commençait à être jolie. Elle eut la charge de servir les enfants du surintendant. A dix-huit ans un dragon suédois en garnison au même lieu l'épousa avec l'approbation du commandant du corps. Sa nouvelle épouse lui valut même la promesse de la dignité de caporal. On veut que le mariage n'ait pas été consommé.[b] Marthe accepta ce dragon avec trop de joie pour regarder ce fait comme certain. Ce fut par la beauté de ses cheveux que le Suédois lui plut. Il resta peu avec elle. La ville fut investie pendant qu'il était en détachement, elle ne le revit plus. On prétend, ce qui n'est pas vraisemblable, que ce premier mari lui a survécu. Le général moscovite Schérémetef[c] mit Marthe dans le nombre des effets qu'il enleva au surintendant et à sa ville. Peu de temps après, le prince Menchikov, autre enfant de la fortune,[3] la demanda à Schérémetef qui la lui accorda. Le tsar, dînant chez son nouveau maître, la vit et en devint amoureux. Il voulut à l'instant même rester seul avec elle. Il l'envoya à son palais, lui créa une maison et lui donna le titre de *Gnadigefrau* (qui veut dire votre grâce.) En 1703 elle fut baptisée dans l'Eglise grecque et prit le nom de Catherine. Elle sauva au camp

---

[b] His Gallic spirit clearly helped the author guess the probable course of events.

[c] The reference is to the famous general Scheremetev who so ably served Peter I in the Baltic region.

[3] Une réponse prudente le fit sortir de son premier état de garçon pâtissier et le fit entrer au service de M. LeFort, alors 1er ministre de l'Empire Moscovite, sa jolie figure le fit passer à celui du tsar, la faveur et ses talents le firent favori et général d'armée, duc d'Ingrie. La fortune, pour achever le tour de la roue, l'a fait mourir de misère en Sibérie. [The career of Alexander Danilovitch Menshikov (1672-1729) was well known in France as an illustration of the ups and downs of the wheel of fortune. As such, it had inspired several plays, including *Menzicoff* by Jean-François La Harpe, *Mentzikoff* by Jean Marchand, and *Menzikoff* by Pierre Morand. Some were probably known to d'Estaing.]

de Pruth, par son courage et sa prudence, le tsar et toute son armée.[4] Elle renversa les espérances de Charles XII et arracha le fondateur de la Russie du milieu de l'armée ottomane. Après l'avoir épousé secrètement en 1707, elle devint enfin tsarine en 1711.[5] Digne du tsar et du titre qu'il lui donnait, l'élévation de Catherine est sans contredit le plus beau trait de la vie de ce prince. Couronnée le 18 may 1724, elle lui succéda en 1725, et régna pendant deux ans et demi qu'elle survécut, sans que l'on s'aperçut que le restaurateur du Nord eut cessé d'être. Conservant même sur le trône la férocité[d] de son éducation, elle ne put jamais apprendre à signer les ordonnances qu'elle rendait et qu'elle savait faire exécuter. On s'est cru obligé de la faire tatare d'origine et de religion. Sans cela, de luthérienne elle serait devenue schismatique. Un nouveau baptême et un tel changement auraient été impraticables sur le théâtre.

Le temps choisi pour l'action de la pièce est celui qui s'écoula entre la victoire de Poltava et l'expédition du tsar en Turquie. On suppose ce qui n'est pas, qu'Alekseïevitch le passa dans le même lieu ou il avait vaincu les Suédois. Ce n'est pas là une des moindres libertés qu'a pris l'auteur.

Cantemir, prince grec, supposé aussi tatare, perdit réellement sa souveraineté dans une guerre des Moscovites contre les Turcs. Il se réfugia en Moscovie, on lui donna en dédommagement de ses états des biens et des emplois. Ce fut un genevois appelé Le Fort, commerçant à Amsterdam, guerrier en Danemark et homme d'état en Russie, qui donna à Pierre le Grand les idées de réforme qu'il exécuta dans ses états. Ce Le Fort fut son Premier Ministre et le servit utilement dans ses desseins. On a donné ses vertus et ses actions à Cantemir qu'on

---

4 On sut le mariage du tsar avec Catherine après la bataille de Poltava. Il cessa de le cacher lorsqu'il fut près de passer en Turquie ou il la mena. [Peter the Great did not enter Turkey proper, but Moldava, a Turkish possession at the time.]

5 Voir l'ordonnance publiée du Couronnement de la tsarine Catherine.

d *Férocité* is used in an archaic sense. Here, *la férocité de son éducation* means her rudimentary upbringing.

suppose avoir été gouverneur d'Alekseïevitch, Azab, qu'on lui donne pour souverain avant qu'il eut pris le nom de Cantemir et qu'il soit devenu chrétien, s'appelait autrefois Thanaïs. C'est une des villes les plus commerçantes de la Tatarie. On l'a choisie parce qu'elle a été prise plusieurs fois par les Moscovites et les Turcs.

Mazeppa, chef des Cosaques, abandonna les Moscovites et les trahit pour suivre et servir Charles XII dont il était l'admirateur. Ce dernier le soupçonna à son tour d'infidélité, le tsar mit sa tête à prix et fit, mais inutilement, ce qu'il put pour punir sa trahison par sa mort. Il le fit exécuter en effigie et donna un autre prince aux Cosaques.[e] Le projet que forme Mazeppa dans la pièce d'attenter à la vie d'Alekseïevitch n'a jamais existé. Hitman est un personnage totalement imaginé.

Les Tatares[6] ont peu ou point de religion. Leur Dalaï Lama[7] grand-prêtre est tout à la fois leur Dieu et le chef de leur loi. Ils l'adorent et le croient immortel. Leurs lamas ou prêtres ont soin de ne pas laisser le tabernacle vacant. Le Dieu mort, ils le remplacent par celui d'entre eux qui lui ressemble le plus. Les peuples voient peu le pontif divinisé. Ils n'en approchent jamais. Il ne paraît à leurs yeux que fardé et chargé d'ornements qui empêchent d'examiner ses traits. Ces faibles précautions rendent aux yeux d'une multitude de barbares son immortalité vraisemblable. Il habite dans un couvent situé sur une haute montagne près de la ville de Potala.[8] Ce prêtre par excellence a

---

[e] There is no doubt that, like most contemporaries, Mazepa admired Charles XII's military genius. That was not, however, his reason for seeking an alliance with the Swedish king. Overwhelming evidence indicates that he sought to free Ukraine of Moscovite domination. There is no evidence to substantiate Charles XII's alleged suspicions of Mazepa's loyalty. On the contary, the Swedish king and the Ukrainian hetman remained steadfast friends to the end.

[6] Voir Note sur l'histoire généalogique des Tatares. Cérémonie de tous les peuples du monde. [Sic]

[7] On croit que c'est le même que les historiens appellent prêtre Géant ou prêtre Jean. [This etymology is pure fantasy.]

[8] Recueil du voyage du Nord. Note sur l'histoire des Tatares. [Sic]

établi un suffragant sur les peuples septentrionaux. On l'appelle Kutuchta. Ce dernier, suivant l'usage de ses adorateurs, change souvent de lieu. Sa divinité est presqu'aussi bien établie que celle du Dalaï Lama. Les Tatares ont outre cela deux autres dieux qui sont des lamas mortels et divinisés après leur mort, ils les appellent *han* et *leva*. C'est sans doute d'un de ces deux-là qu'on fait descendre Cantemir. Le spectateur en a le choix.[f]

Ces notes sont peu propres à préparer à la dignité du tragique. C'est un tribut que l'on a cru devoir à la vérité. Elles serviront à prouver que l'auteur a connu ses fautes. Si celles qu'il a été obligé de commettre contre l'histoire étaient les seules, il s'en consolerait. L'exemple d'Eriphile dans *Iphigénie* ne l'a pas empêché de sentir le romanesque de l'amour d'Alekseïevitch et de Rozénie. Le tsar est trop amant, Rozénie trop peu femme, et Cantemir trop peu prudent. On ne cherche point d'excuse pour d'aussi grands défauts. S'ils plaisent, en auront-ils besoin?

"Nudus agas: minus est insania turpis."[9]

[Charles-Henri d'Estaing]

---

[f] Most peoples who were referred to as Tatars, adopted Islam during the fourteenth century. Thus d'Estaing's fanciful description of Tibetan Buddhism is irrelevant.

[9] This quote is from Juvenal's *Satire II,* v. 71, translated by Peter Green as "Then plead your case stark naked. It's crazy, but less disgraceful."

Rozénie

ou les

Moscovites

Acteurs[1]

Alekseïevitch, Empereur des Russes
Rozénie, amante d'Alekseïevitch
Cantemir, prince tatare devenu chrétien qui a été Gouverneur
d'Alekseïevitch
Hitman, prince tatare
Mazeppa,[2] chef des Cosaques
Menchikov, Capitaine des Gardes de l'Empereur
Un Tatare
Suite des Gardes

La scène est dans un lieu environné d'arbres. On voit des
tentes qui forment le camp d'Alekseïevitch, à Poltava,[3] un banc
de gazon est à un des côtés du théâtre.

---

[1] The spelling of all proper names has been modernized.

[2] Throughout the text of the play, the name Mazepa is spelled in French
with two p's, a spelling probably established by Voltaire.

[3] Until the 19th century, Poltava was spelled with a *u* instead of an *o*, and
often with a *w* instead of a *v*.

Acte Ier

Scène Ière

Alekseïevitch, Cantemir, Menchikov,
Suite de Gardes.

ALEKSEÏEVITCH

L' excessive bonté conduit à l'insolence,
Et le repos toujours enfanta la science.
Alekseïevitch en vain à changé ces climats
S'il faut que la terreur marche encor sur ses pas
5 Tour à tour, citoyen, soldat, et toujours maître
J'ai suivi des vertus qu'en vos coeurs j'ai fait naître.
J'ai tout fait, mais en vain, qui l'aurait pû penser,
Aux champs de Poltava, quoi l'on m'ose offenser!
Russiens[4] qui par moi devenez redoutables,
10 Si ce bras récompense, il punit les coupables.
J'ai su vous le prouver. Cependant sous mes yeux
Un Tatare ose avoir une femme en ces lieux!
Des Cosaques[5] déjà le chef trop téméraire,

---

[4] Act I, v. 9. Throughout the play, as indeed in most French writings until the 19th century, Russiens designates Ukrainians. The tendency to globally refer to all Slavic peoples within the Russian Empire as Russians developed toward the 19th century.

[5] V. 13. *Cosaques* is used interchangeably with *Russiens,* although the Cossacks were only a part of the Ukrainian people.

Semble lui disputer l'honneur de me déplaire;
15 Leurs soldats révoltés se traitent d'ennemis;
Ont-ils donc oublié qui les à tous soumis?
Me croiraient-ils déjà changé par la victoire?
L'union de mes sujets fut ma première gloire.
J'ai chassé de nos camps ces frivoles plaisirs
20 Qui peuvent dans la paix enchaîner nos loisirs.
Loin de nos étendarts toute femme est bannie
Et doit ici trouver la mort et l'infamie.
Je ne souffrirai point qu'on détruise des lois,
Qui nous rendent enfin vainqueurs des Suédois.
25 Non, va, cours Menchikov, que leur obéissance,
Désarme la rigueur d'une juste vengeance
Ou sinon ... mais que dis-je? Ils sauront obéir,
Et m'éviter par là le soin de les punir.
Qu'on immole à l'instant la cause de leur crime,
30 A la loi qu'elle offense il faut une victime.
Vous allez l'arracher s'il le faut de leurs bras
Malheur à qui d'entre-eux ne se soumettra pas.

Scène II
Alekseïevitch, Cantemir

ALEKSEÏEVITCH

Ami, que me veux-tu?
CANTEMIR
Quelle cause inconnue
35 Fait que presqu'en tous lieux, vous évitez m'a vue?
Le zélé Cantemir n'osant vous affliger,
A tardé trop, seigneur, à vous interroger.
Dès vos plus jeunes ans, instruit à vous connaître,
J'ai toujours vu dans vous plus un ami, qu'un maître
40 Vous me l'avez permis et je le méritais.

ALEKSEÏEVITCH

J'apprenais à régner lorsque je t'écoutais.

CANTEMIR

Vos bontés ne sont plus, que j'ai lieu de me plaindre:
Je le vois; aujourd'hui je parais vous contraindre;
Malgré vous, malgré moi, j'ai lu dans votre coeur,
45   Et je l'ai méconnu par sa seule douleur.

ALEKSEÏEVITCH

Alekseïevitch, ami, se méconnait lui-même:
Le bonheur ne suit pas la puissance suprême;
J'ai su vaincre, et braver jusqu'à l'adversité,
Et je succombe enfin dans la prospérité.
50   O mon cher Cantemir! O toi dont la prudence
En conservant mes jours, instruisit mon enfance,
Toi, qu'on vit, d'un barbare, oser faire un grand roi
Ce coeur que tu formas est indigne de toi.

CANTEMIR

Il ne l'est point encor. Qu'elle étrange faiblesse
55   Changerait ces beaux jours en des jours de tristesse?
Se peut-il qu'un héros, se peut-il qu'un vainqueur
Succombe sous le poids d'une vaine douleur?
Ces lieux ne sont-ils pas témoins de votre gloire?
Laissez vos ennemis pleurer votre victoire.
60   Législateur heureux de vos vastes états,
Vous avez su créer des hommes, des soldats.
L'orgueilleux Russien, fier de son ignorance,
Abruti sous le joug, nourri dans l'indigence,
Ne fait plus sous ses lois gémir l'humanité,
65   Et se dépouille enfin de sa férocité.[6]
La terre est plus féconde, et les eaux plus dociles
Apportent l'abondance et les arts dans nos villes.
De nouvelles cités et de nombreux vaisseaux
Sont les moindres des fruits qu'ont produits vos travaux.

---

[6] V. 65. *Férocité* is used here in its archaic meaning: savagery.

70   Tout ce qui vous entoure est enfin votre ouvrage.
Vos sujets aguerris vous doivent leur courage.
Vainqueur de leurs défauts, vainqueur de leurs regrets,
Arrachés par vos soins du fond de leur forêts,
De leur propre faiblesse, ayant su les convaincre,
75   Par leurs malheurs passés, vous les forcez à vaincre.
Je mourrai sans regret, puisqu'enfin je vous vois
Après tant de revers, vaincre les Suédois.
Mais hélas! que je crains cette ombre de faiblesse!
Que vos sombres chagrins coûtent à ma tendresse!
80   Vos soupirs ont flétri vos lauriers dans vos mains.
Mon fils, n'êtes-vous plus le plus grand des humains?

ALEKSEÏEVITCH

J'ai trompé l'univers, j'ai voulu le paraître.
Moi-même, en rougissant, j'apprends à me connaître.
Je t'en ai dit assez: tu tenterais en vain
85   D'arracher ce secret que renferme mon sein.
Je t'aime trop, ami, pour perdre ton estime.

CANTEMIR

Votre coeur généreux est l'ennemi du crime.
Seigneur, vous me trompez et vous ne m'aimez plus.

ALEKSEÏEVITCH

Cantemir, tu croirais ...

CANTEMIR

Oui, j'en crois vos refus

ALEKSEÏEVITCH

90   L'amitié me les dicte, et peut-être la honte.

CANTEMIR

Ah! qu'un pareil obstacle aisément se surmonte.
Je ne me plaindrai point, c'est à moi d'obéir,
Mais mon zêle autrefois vous faisait-il rougir?
95   Vous ne l'ignorez pas pour servir votre père,
Follement ennivré d'un projet téméraire,
Des cruels Ottomans je bravai la fureur.
Je ne pus résister, mais tombai sans terreur,
Vaincu dans un combat pour conserver ma vie,

100   Je fis courir le bruit qu'on me l'avait ravie.
      Fugitif, ignoré, loin d'Azab mon pays,
      On m'apprit tous mes maux et j'en fus peu surpris.
      Je perdis mes états, et ma femme, et ma fille,
      Unique et cher espoir d'une triste famille.
105   Votre père affaibli ne put parer ces coups.
      Je perdis tout pour lui, mais trouvai tout en vous.
      Je vous vis, vous aimai. Forcé d'avoir un maître,
      Je sus m'en former un qui fut digne de l'être.
      Bientôt la vérité vint s'offrir à mes yeux.
110   Je pris un nouveau nom, j'oubliai mes aïeux,
      Ces prêtres, ces Lamas, qu'adorent les Tatares
      Ancêtres fabuleux, divinités bizarres.[7]
      Condamnant aisément de pareilles erreurs,
      Vos naissantes vertus séchaient déjà mes pleurs,
115   Lorsque montant au trône ainsi que votre frère
      J'y soutins votre enfance, et vous tins lieu de père.
      Je sus de votre soeur prévoir les attentats
      Confondre les complots de vos sujets ingrats,[8]
      Retenir dans vos mains les rênes de l'Empire,
120   Vous guider, vous défendre en osant vous instruire.

---

[7] V. 110-113. Kantemir himself did not have to convert to Christianity, as his ancestors had been Christian Moldavians for many generations. Dimitri Kantemir, who ispired the character in this play, and his son Antioch Kantemir, claimed Tatar ancestry. In fact, they alleged that their name came from Khan Timur Leng, or Tamerlane. Even if this claim were correct, Tatars who had migrated westward, had converted to Islam by the 16th century. Thus, only very distant (*fabuleux:* legendary) ancestors could have been Lamas.

[8] V. 117-118. Kantemir alludes to help he gave Peter in overcoming Sophia Alekseyevna (1682-1689), Peter I's half-sister, who, with the help of the *streltsi* (semi-military units), seized power in 1682, and was regent during the minority of Ivan V and Peter I. When she attempted a coup in 1689 in order to become czarina, Peter I confined her to a convent, deposed his half-brother Ivan, and assumed full power. Historically, Kantemir played no role whatever in these events, since he came into the Russian realm after 1711. Clearly, d'Estaing attributes to him the role played by both François Lefort until 1699, and Menshikov after that date.

Maître enfin sans partage, et digne de mes voeux,
Par votre seul bonheur je redevins heureux.
Marchant d'un pas rapide au chemin de la gloire,
Je vous vis faire plus que mon coeur n'osait croire,
125 Enrichir vos sujets, vaincre vos ennemis.
A voir tant de vertus, je vous croyais mon fils.
Me faisant de ce nom une douce habitude
Votre propre grandeur fit mon unique étude.
Et méprisant des soins trop au-dessous de moi,
130 De vous parler sans fard, je me fis une loi.
Mes conseils jusqu'ici n'avaient pu vous déplaire.
Maintenant on me fuit, on me force à me taire,
Et le Tsar en ce jour me parle en Empereur.
Le ciel me réservait à ce dernier malheur.
135 Votre seule amitié m'attachait à la vie,
Sa perte de ma mort sera bientôt suivie.
Accablé sous le poids des chagrins et des ans,
Mon âme à s'envoler tardera trop longtemps.
Je vais loin de ces lieux, loin de votre présence
140 N'accuser que le sort de votre indifférence.

ALEKSEÏEVITCH

O mon père, oui, tu l'es, si j'en crois mon amour.
Je te dois mes vertus, c'est bien plus que le jour.
Tu veux m'abandonner, et tu vois ma faiblesse.

CANTEMIR

J'ignore vos desseins, je vois votre tristesse,
145 Je m'en suis cru l'objet, et je n'en puis douter,
Mes discours[9] ont deux fois paru vous irriter.
C'est un tort près des rois que de trop grands services.
Qui fait rougir son maître, éprouve ses caprices.

ALEKSEÏEVITCH

Qui moi? Je cesserais d'être reconnaissant,
150 Tu crois ?... Sors pour jamais de ce doute offensant.
Je t'aimerai toujours.

---

[9] V. 146. *Discours* is used here in its archaic sense: statements.

68

CANTEMIR

Une telle assurance
M'anime en cet instant d'une douce espérance.
Votre coeur pour le mien aurait-il des secrets?
Prouvez-moi vos bontés; remplissez mes souhaits.
155 Qui peut vous retenir? Vous balancez encore?

ALEKSEÏEVITCH

Tu vas donc découvrir ce qui me déshonore.

CANTEMIR

Seigneur que dites-vous?

ALEKSEÏEVITCH

Dans peu tu frémiras:
Non, tu feras bien plus: tu me mépriseras.

CANTEMIR

Ce que vous m'annoncez devient trop impossible,
160 Et j'en redoute moins ce secret si terrible.

ALEKSEÏEVITCH

Ami, tu t'en souviens, l'imprudent Suédois
Entrait dans mes états pour la seconde fois.
Ce monarque orgueilleux, ce rival de ma gloire
Qui sous ses étendarts enchaînait la victoire,
165 Prodiguant trop les jours de ses braves soldats,
M'avait appris enfin à ne les craindre pas.
Charles ainsi s'avançait des bords du Boristhène,[10]
Trompé par son bonheur, aveuglé par sa haine.
Moins heureux jusques-là, mais plus prudent que lui,
170 J'avais et mon courage et le ciel[11] pour appui.
Par différents combats, tristes jeux de la guerre,
J'avais soin d'affaiblir ce terrible adversaire.
Je ne te parle point du fortuné moment
Où son orgueil instruit nous craignit en tombant.

---

[10] V. *Boristhène,* the Greek name, was still used in France in the 18th century to designate the Dniepr, the main river of Ukraine.
[11] V. 170. *Ciel:* God, in classical French.

175 Je te rappelle un temps où ce guerrier terrible
    Sut conserver encore le titre d'invincible.
    Le jour qu'il investit Poltava sous mes yeux
    Je courus l'attaquer, c'était près de ces lieux.
    Ses bataillons épars, séparés dans la plaine
180 Auraient pris pour s'unir une inutile peine.
    Je triomphais déjà des Cosaques surpris:
    Les traîtres qu'ils étaient servaient mes ennemis.
    Depuis, tu les a vus mériter ma clémence;
    Mais alors criminels, j'en croyais ma vengence.
185 Je portais dans leurs rangs et le trouble et l'effroi.
    Rompus et renversés, ils fuyaient loin de moi.
    De leur camp mal formé rompant la faible enceinte,
    Dans leurs retranchements je les suivais sans crainte.
    (Plût au ciel qu'évitant ce lieu trop dangereux
190 Une invisible main m'eût fait fuir devant eux).
    De morts et de mourants l'effroyable assemblage[12]
    Sur leurs fossés comblés nous frayait un passage.
    Le pillage et la mort, enfants de la fureur,
    Dans ce camp malheureux répandaient la terreur.
195 Du soldat effréné la coupable science
    Malgré moi de ses chefs méprisait la puissance.
    Tout cédait. Mais en vain le tumulte et les cris
    Des vaincus effrayés enchaînaient les esprits.[13]
    Du furieux hitman[14] l'inexorable rage
200 Excitait les vainqueurs, ranimait le carnage,
    Quand, ami, tout à coup je le vis reculer.
    Il balance un instant et me parut trembler;
    Je vole à son secours, condamnant son ivresse;

---

[12] V. 190. *L'effroyable assemblage:* the horrible carnage.

[13] V. 197-198. "Everything was giving way. But in vain did the tumult and the cries of the vanquished become paralyzing."

[14] V. 199. It is not clear whether the author is referring to HItman, or to the *hetman,* i.e. Mazepa.

Cependant un trait part, il l'atteint, il le blesse.
205 Mais ce Tatare, Hitman, n'en devient que plus doux.
Je cherche alors sur qui doivent tomber mes coups.
Brûlant de le venger, je cherche ma victime.
Ma trop coupable main allait commettre un crime:
J'étais près de frapper, quand je vis son vainqueur.
210 Que mon courroux bientôt s'éteignit dans mon coeur!
Ce terrible ennemi, ce guerrier redoutable
Etait de l'univers l'objet le plus aimable.[15]
C'était ... C'était sans doute une divinité
Qui d'une femme alors empruntait la beauté.
215 Ses dangers, son effroi, son courroux et ses larmes,
Le sang qui la couvrait, tout relevait ses charmes.
Un dard,[16] faible secours, restait seul en sa main,
Elle allait s'efforcer de m'en percer le sein.
Une femme expirante, et qui semblait sa mère
220 Tâchait par ses soupirs d'exciter sa colère.
Pour elle, je la vis prête à m'ôter le jour.
Son bras fut arrêté par les mains de l'amour.
Elle ne frappa point; soit pitié, soit faiblesse,
Je crus lire en ses yeux quelqu'ombre de tendresse.
225 Condamne mon erreur, mais ne la détruit pas.
Non, cette erreur si chère a pour moi trop d'appas.[17]
Son front trop courroucé s'adoucit à ma vue.
Etonnée, indécise, elle parut émue.
Ses regards sur les miens se fixant sans horreur
230 N'exprimaient déjà plus qu'une douce terreur.
De tendres mouvements, interprètes de l'âme,
A nos coeurs enchantés exprimaient notre flamme.[18]

---

[15] V. 212. *L'objet le plus aimable,* literally: the most lovable thing; here, the loveliest woman.

[16] V. 217. *Dard:* the primary meaning of the word is sting. It is used here, however, to mean spear or javelin.

[17] V. 226. *Appas,* literary and archaic: feminine charms.

[18] V. 232. *Flamme,* literary and archaic: passion, love.

Ce bonheur d'un instant avait trop peu duré,
Séparés malgré nous, d'ennemis entouré,
235 Je revins, mais trop tard; de ma fatale ivresse
Accusant mon amour, maudissant ma faiblesse,
Je fis pour la revoir d'inutiles efforts.
Je ne trouvai partout que débris, et que morts.
De Charles en cet instant l'active prévoyance,
240 Rétablit le combat par sa seule présence;
Mes soldats dispersés n'entendant plus ma voix,
Le Cosaque bientôt joignit les Suédois;
Nous fûmes repoussés. Depuis ce jour funeste,
Je ne l'ai plus revue, et tu sais tout le reste.

CANTEMIR

Vous l'aimez.

ALEKSEÏEVITCH

 Et je l'aime.

CANTEMIR

245   Et quoi? dans un instant?

ALEKSEÏEVITCH

Un instant a tout fait.

CANTEMIR

    Trop malheureux moment!
Mon fils que je vous plains; au milieu des alarmes
L'amour peut-il trouver de si puissantes armes?

ALEKSEÏEVITCH

Rien ne peut égaler les maux que je ressens,
250 Ma raison maintenant parle en vain à mes sens,
Ennemi des plaisirs qu'enfante la molesse,
Tout ce qui n'est pas gloire, à mes yeux est bassesse,
Et ces feux tolérés dans les autres mortels,
Suspendant mes projets, pour moi sont criminels.
255 J'ai connu leurs erreurs, je les vois, je m'abhorre,
Et n'en cherche pas moins cet objet que j'adore.
Un souvenir puissant fait taire mon devoir
Et nourrit dans mon coeur un inutile espoir.

72

CANTEMIR

Un vrai héros sur lui peut tout ce qu'il désire,

ALEKSEÏEVITCH

260   Mon coeur des passions est maintenant l'empire.[19]

CANTEMIR

Je ne crains point un feu qu'il vous faut étouffer
Et combattre l'amour est presque en triompher.

ALEKSEÏEVITCH

Que ces combats honteux ont avili mon âme,
Ils n'ont fait trop souvent que redoubler ma flamme.
265   Ami, le croiras-tu. Le bien de mes sujets,
Mon intérêt, ma gloire, enfin tous mes projets,
Tout était un vain songe à mes désirs en proie.
Penser à mes douleurs était ma seule joie.
D'un oeil indifférent voyant notre bonheur,
270   J'ai presque méprisé le titre de vainqueur.
Uniquement rempli de sa folle tendresse,
Ton roi dans les combats cherchait une maîtresse.
L'amour, avec l'honneur osait mêler sa voix,
J'ai cherché ce que j'aime au sein des Suédois.
275   Je n'ai pu la trouver. Vainqueur trop misérable,
Ma défaite à ce prix m'eût paru préférable.
Elle à perdu le jour, sans doute, elle n'est plus.
Le délire effrayant de mes sens confondus
M'arrache ces regrets qu'à l'instant je déteste.
280   Je crois en triompher par un retour funeste
Philosophe et guerrier, monarque et conquérant
Tout disparaît en moi, je ne suis plus qu'un amant.
Ce coeur impétueux, pour tout ce qui l'enflamme
Met donc tout son bonheur à trouver une femme.
285   L'univers qui me voit ne sera point trompé.
Détruisons un pouvoir par l'amour usurpé.
Enchaîné dans ces lieux par un charme invincible,

---

[19] V. 260. "My heart is now overwhelmed by passion (Passion now reigns in my heart)."

J'ai trop longtemps langui dans ce séjour terrible.
De mes premiers succès interrompant le cours,
290   A leur gré les vaincus ont cherché des secours.
Tu le vois, dans mon camp méprisant ma puissance
Jusqu'à braver mes lois, on pousse l'insolence!
Rappelons ma vertu, seconde mes efforts,
Et cachons, s'il se peut, ma honte et mes remords.
C'est trop de les connaître, et mon âme étonnée
Porte en tremblant un joug dont elle est indignée.
Cruelles passions! Désirs tumultueux!
Vos poisons sont-ils faits pour des coeurs vertueux?

Scène III
Alekseïevitch, Cantemir, Menchikov

MENCHIKOV

Seigneur, tout est soumis, au seul nom de son maître
300   La terreur du soldat s'est assez fait connaître.
Hitman et Mazeppa, réunissant leurs coups,
M'ont en vain opposé leur impuissant courroux.[20]
Celle dont la beauté sut allumer leur haine
De leur crime, et du sien, allait porter la peine....

ALEKSEÏEVITCH

305   Les lois l'ont ordonné, tu devais la punir.
Quel obstacle un moment a pu te retenir?

MENCHIKOV

C'est ce décret, seigneur, qu'a fait votre prudence.
"Quiconque de son juge implore la clémence
Avant que de périr peut s'offrir à ses yeux."
310   Cet esclave a voulu qu'on l'amène en ces lieux.

---

[20] V. 302. *Courroux,* literary and archaic: wrath.

ALEKSEÏEVITCH, *à Cantemir*
C'est assez. Cantemir, je suis trop condamnable.
Il faut être innocent pour juger un coupable.
Punir son propre crime est la peine des rois.
La vertu malgré nous parle par notre voix.
315   Pourrais-je sans rougir me condamner moi-même?
Je dépose en tes mains la puissance suprême.
L'esclave va paraître, ordonne de son sort.
     A sa suite
Pour vous, obéissez, s'il l'envoie à la mort.

Scène IV
Cantemir, Menchikov

MENCHIKOV
Si la beauté, seigneur, peut excuser le crime,
320   Vous n'immolerez point une telle victime.
L'orgueil de la vertu semble peint dans ses yeux
Et l'innocence enfin ne parlerait pas mieux.

Scène V
Rozénie *enchaînée,* Cantemir,
Menchikov, Suite de Gardes

ROZÉNIE
Est-ce-là ce tyran, l'auteur de mon supplice?
Quoi, si près du tombeau connaît-on l'injustice?
MENCHIKOV
325   Pour vous sauver, Madame, il n'a qu'à le vouloir.
Et le Tsar en ses mains à remis son pouvoir.

ROZÉNIE

Des mortels furieux, au gré de leur envie,
Disposeront toujours du sort de Rozénie.

CANTEMIR

O ciel! que de beauté! Nature, tes bienfaits
330   Nous perdent en ornant ces coupables objets!
Approche, malheureuse, un reste de clémence
Des lois que tu bravais diffère la vengeance.

ROZÉNIE

Vieillard, je sais ton crime, apprends-moi donc le mien.
Je ne te vis jamais, je ne t'offense en rien,
335   Cependant on m'a dit que j'étais condamnée.
J'ai vu le fer tout prêt; ma mort est ordonnée.

CANTEMIR

Tu la cherchais ici; tes détestables feux[21]
Ont apporté le trouble, et le crime avec eux.

ROZÉNIE

Moi! quelle horreur?

CANTEMIR

        Vois-tu ce séjour redoutable?
340   Ta présence suffit pour t'y rendre coupable,
C'était peu d'y venir au mépris de nos lois.
Déjà deux de nos chefs s'y disputent ton choix,
Et leur fureur qui fait ton opprobre et leur honte
Rend ton forfait certain, et ta peine plus prompte.
345   Tu rougis maintenant, et tu verses des pleurs.
Qui t'a conduite ici? C'est ...

ROZÉNIE

                Mes malheurs.

CANTEMIR

Insensée. Est-ce ainsi que l'on se justifie?
Parle, quel est ton nom?

---

[21] V. 337. *Feux,* archaic: love.

ROZÉNIE

Mon nom est Rozénie.

Sans parents, sans pays, mon honneur fut ma loi,

350 Et ce front n'a rougi jamais que devant toi.

Soumise à Mazeppa, captive dès l'enfance,

J'ai nourri mon orgueil au sein de l'innocence.

Ma vertu m'a suffi pour régner dans les fers,[22]

Et je la dois peut-être aux maux que j'ai soufferts.

355 Esclave, ou citoyenne en ces villes errantes,

Il n'est plus pour mes yeux d'images effrayantes.

Les dangers et la mort environnant mes pas,

Me suivent dès longtemps de climats en climats.

J'appris à les braver, mais le nom de coupable,

360 Bien plus que le trépas,[23] est pour moi redoutable.

Je fais pour me contraindre un inutile effort.

Tes soupçons ont plus fait que n'avait pu le sort.

Je tremble en te parlant, et soit que la vieillesse

M'arrache ce respect qu'on doit à la sagesse,

365 Soit enfin que mon coeur soit aujourd'hui moins grand,

Tout ce que tu me dis m'abat et me surprend.

Mes esprits étonnés négligent ma défense,

Et je n'ai pour secours que ma seule innocence.

CANTEMIR

Ose donc la prouver; le crime ici te suit.

370 Le trouble est des forfaits et la preuve et le fruit.

ROZÉNIE

Je te le dis encore avant de me connaître,

Dès lors trop enchanté de mes faibles appas

Il m'offrit des bontés que je ne cherchais pas.

375 A m'unir avec lui je me vis destinée;

Le ciel sut empêcher ce fatal hyménée.[24]

Dans un autre combat, par de nouveaux revers

---

[22] V. 353. *Dans les fers:* in captivity.

[23] V. 360. *Trépas,* archaic: death.

[24] V. 376. *Hyménée,* literary and archaic: marriage.

Hitman devint mon maître, et je changeai de fers.[25]
Jour à jamais terrible! O moment effroyable!
380 De douleur et de joie, assemblage exécrable!
Souvenir trop cruel! Que te dirai-je enfin?
Hitman m'offrit aussi son coeur avec sa main.
Mais craignant pour mes jours, respectant ma tristesse,
Il a su jusqu'ici contraindre sa tendresse.
385 Ne suivant que ses lois, cachée à tous les yeux,
Je croyais que lui seul commandait en ces lieux.
Aujourd'hui mille cris, mêlés au bruit des armes,
M'ont bientôt su causer de nouvelles alarmes.
L'attente du vainqueur redoublait mon effroi
390 Mazeppa tout sanglant à paru devant moi,
Hitman à peine armé, lui fermant le passage,
Opposait à ses coups son amour et sa rage,
Quand par d'autres soldats, repoussés tous les deux,
J'ai vu charger mes mains de ces liens honteux.
395 On m'a parlé d'amour, de crime, et de suplice,
Du mont sacré, des lois colorant l'injustice;
J'ai vu lever sur moi, l'homicide couteau
Dont m'ôsait menacer un infâme bourreau.
Le pouvoir absolu rend donc tout légitime,
400 Et chez tous les mortels l'infortune est un crime.

CANTEMIR

Puisse la vérité régner dans tes discours!
Bientôt de tes malheurs j'interromprai le cours.
Je me plais à te voir, je me plais à t'entendre.
Ton âge me rappelle un souvenir bien tendre:
405 J'eus jadis une fille, objet de mes regrets.
Elle aurait ton courage, elle eût eu tes attraits:
Tu la remplaceras, dès que ton innocence
Sans doute et sans soupçon guidera ma clémence.
Ton coeur sera le prix de mes soins bienfaisants;
410 Ceux que l'on rend heureux deviennent nos enfants.

---

[25] V. 378. *Je changeai de fers:* I changed masters.

Respectable inconnu, ton amitié me touche.
Non, je ne suis point née avec un coeur farouche.[26]
Que ne puis-je en ce jour reconnaître tes soins!
Si tu m'offres beaucoup, j'attends de toi bien moins.
415 Il est temps de finir mes maux avec ma vie,
Je désire la mort, mais j'ai craint l'infamie.
Sauve-moi du supplice, et fais que mon orgueil
Ainsi que mon honneur m'accompagne au cercueil.
Que ce fer,[27] ornement d'une femme tatare,
420 Seul présent que jamais me fit un sort barbare,
Fais qu'il me soit rendu, tu verras si ma main
Ne le plongera pas à l'instant dans mon sein.
Je ne sais point former de ces voeux téméraires
Qui flattent les douleurs des âmes ordinaires.
425 Je ne sais point me plaindre, et ne sais que mourir.
Le ciel ne m'a fait vivre encore que pour souffrir.

CANTEMIR

Tes transports sont pour lui la plus cruelle injure;
Ton odieux projet offence la nature.
Par un ordre éternel que tu ne conçois pas,
430 Chaque chose à son temps et sa règle ici-bas;
Tout se doit l'un à l'autre, un même noeud nous lie.
Telle est de l'univers la puissante harmonie.
Tu prétends la troubler, ton sang n'est pas à toi.
Si ton crime est prouvé, tu le dois à la loi.
435 D'un suplice effrayant l'appareil redoutable
Empêche le méchant de se rendre coupable.
Si tu suis la vertu, tu te dois au bonheur.
Compte sur mes bontés, j'excuse la fureur.
Ne vivre que pour soi, c'est la loi des Tatares.
440 Autrefois, j'ai suivi ces maximes barbares.
Lorsqu'on fut malheureux, on est compatissant.

---

[26] V. 412. *Un coeur farouche:* a fierce (cruel) heart.
[27] V. 419. *Ce fer,* archaic: this blade, this weapon.

Tu chéris les erreurs qu'on t'apprit en naissant
Suis-moi, je vais chercher à te laver du crime,
Et ma pitié pour toi deviendra légitime.

ROZÉNIE

445   C'est accroître ses maux que de trop espérer
       Il est de ces malheurs qu'on ne peut réparer.

Acte II

Scène Ière
Rozénie *enchainée*, Mazeppa

ROZÉNIE

La pitié fait rougir, je sus toujours la craindre.
Toi qui fis tous mes maux, est-ce à toi de m'en plaindre,
Barbare Mazeppa.

MAZEPPA

Qui? Moi? Barbare?

ROZÉNIE

                           Oui! Toi,
Qui m'ayant fait esclave ôsas m'offrir ta foi.[1]
5   Sous le masque imposteur j'eus une vaine tendresse
Tu cachais donc celui qui causa ma tristesse.
Satisfaite de voir mon maître à mes genoux,
Peut-être serais tu devenu mon époux
Je croyais te devoir de la reconnaissance,
10   Et tu ne méritais que haine, et que vengeance.

MAZEPPA

Mon coeur de ce discours craint peu l'obscurité;
Qu'ai-je pu vous ravir? Quel bien ...

ROZÉNIE

                      Ma liberté,

---

[1] V. 4. *[Tu] ôsas m'offrir ta foi:* you dared to offer to marry me.

Ce bien, l'unique bien, qui fait goûter les autres.
Ce bien, qu'en des climats plus heureux que les nôtres
15 Le dernier des mortels reçoit des mains du sort;
Ce bien que tu m'ôtas, sans me donner la mort.

MAZEPPA

Des crimes du hasard, suis-je donc responsable,
Réparant ses fortaits puis-je en être coupable?
Si le ciel vous fit naître en un rang aussi bas,
20 Je vous ai prodigué les vertus, les appas,[2]
Présents plus précieux qu'une vaine naissance.
Il vous fit au berceau tomber en ma puissance.
Les Cosaques encore n'étaient point sous mes lois.
Ma valeur a depuis su mériter leur choix.
25 Pour un temps éloigné du sein de ma patrie,
Suivi de peu de gens je parcourais l'Asie,
Et cherchant en tous lieux les dangers, les combats,
Je faisais acheter les secours de mon bras,
Servant alors des Turcs les projets et la haine,
30 Sous leurs drapeaux sanglants je ravageai l'Ukraine[3]
Et vous reçus des mains des Tatares persans,
Monstres dénaturés, dans nos déserts errants,
Qui jusqu'au plus haut point portant la barbarie,
Vivent du prix de ceux qui leur doivent la vie.

ROZÉNIE

35 Tu prétends, je le sais, qu'ils m'ont donné le jour
Et tu veux m'abuser par ce lâche détour.
Ecoute, Cantemir, ce vieillard respectable ...

MAZEPPA

Que vous aurait-il dit ce ministre exécrable?

---

[2] V. 2. *Appas,* used here in its rare and archaic sense: gifts.

[3] V. 30. The name of the country where the action takes place, Ukraine, is mentioned but once, and only when the author refers specifically to the country governed by Mazepa and formerly ravaged by him and his band in the employ of the Turks, the worst enemies of Ukraine.

Ah! parlez!

Il m'a dit ce qu'un coeur généreux
40 Pense et ressent toujours pour tous les malheureux.
Et tandis que trompé par la seule apparence,
Il va sortir d'un doute affreux pour l'innocence,
Il a permis qu' Hitman en ces lieux introduit
Pût voir ainsi que toi ce que l'amour produit:
45 "Ces gardes, et ces fers, appareil des suplices,
"Les puniront, dit-il, puisqu'ils sont tes complices.
"Ils te verront tous deux. S'ils sont seuls criminels,
"Ces objets deviendront à leurs yeux plus cruels.
J'ai voulu le premier te parler et t'entendre,
50 Pour savoir ce qu'enfin de toi je puis attendre.
Ne crois pas qu'attentive à conserver mes jours,
Je te demande ici d'inutiles secours.
Tu connais Rozénie, et son âme est trop fière
Pour vouloir pour si peu descendre à la prière.
55 Il est d'autres bienfaits que tu peux m'accorder,
Et je ne rougis point de te le demander.

MAZEPPA

Vous savez sur mon coeur quelle est votre puissance.
Le vôtre, je le vois, aspire à la vengeance.
Ce bras, n'en doutez point, prompt à vous obéir,
60 N'a paru s'arrêter que pour en mieux agir.
J'ai voulu par l'effet prévenir la menace,
Et ce superbe tsar, dont l'impudente audace
M'ose traiter d'esclave,[4] et méprise mes droits,
Va me payer bien cher l'état où je vous vois.
65 On l'admire, on le craint, et moi je le déteste.
Ma haine à ce tyran sera bientôt funeste.
Je ne sais point former de frivoles projets.
Ses plus grands ennemis sont ses propres sujets.
Leurs fronts en palissant supportent les outrages

---

4 V. 63. In his anger, Mazepa uses an excessively strong word.

70 Par lesquels il détruit leurs antiques usages.
Il en est dont l'ardeur secondera mes voeux.
Gagner du temps enfin, c'est tout ce que je veux.
Fléchissez devant lui, répandez quelques larmes;
Vos séduisants appas sont vos plus belles armes.
75 Vos pareilles toujours régnent sur leurs vainqueurs.
La beauté qui veut plaire enchaîne tous les coeurs.
Obtenez un instant. Il mourra s'il diffère.
Daignez par vos regards suspendre son tonnerre.

ROZÉNIE

Va c'est assez pour moi de savoir le braver.
80 Je ne feindrai jamais quoi qu'il puisse arriver.
La vengeance d'ailleurs n'est point ce qui m'anime,
Et si je me vengeais, serait-ce par un crime?
Ton coeur, ton lâche coeur, nourri dans les forfaits,
Exécute et conçoit ces horribles projets.
85 C'est par de tels complots qu'ont commencé mes peines.
Sans doute, c'est par eux que tu formas mes chaînes.

MAZEPPA

Ainsi de vos malheurs vous m'accusez toujours.

ROZÉNIE

Tu les as tous causés, laisse de vains discours.
Je peux te pardonner jusqu'à la perfidie,
90 Mais ne me cache plus à qui je dois la vie.
Déjà prête à la perdre, il me serait bien doux,
De voir jusqu'où du ciel s'est porté le courroux.
La douceur de haïr n'est point ce qui m'enflâme,
Il est d'autres erreurs qui déchirent mon âme.
95 Quoi que ton bras ait fait je saurai l'oublier,
Mais ne me réduit pas vainement à prier.
L'imposant préjugé d'une illustre naissance
N'a jamais eu sur moi qu'une faible puissance.
Fantôme,[5] heureux enfant de la prévention,
100 C'est un masque pompeux mis à l'oppression,

---

[5] V. 99. *Fantôme,* spelled with a ph, here means: illusion.

Dont le hasard se joue, et qui sert à la force.
C'est du vice souvent le soutien et l'écorce.
Mon coeur l'éprouve assez. Oui trompé par tes soins,
Il était bien plus grand en se croyant bien moins,
105 Il ne connaissait point la crainte, et la tristesse.
Puisse le nom d'un père étouffer ma faiblesse!
Parle enfin, Mazeppa, nomme-moi mes aïeux.
Rozénie en ce jour doit pouvoir autant qu'eux.
Je dois les imiter et non leur faire outrage.
110 Leurs exemples au moins me rendront mon courage.

MAZEPPA

Je vous l'ai dejà dit, et ne sais rien de plus.

ROZÉNIE

J'aurais dû m'éviter la honte d'un refus.
On m'en apprit assez sur ma triste origine.
Je sais trop que des miens tu causas la ruine.
115 Cette esclave empressée à veiller sur mes jours
Que je chérissais tant, qui me suivit toujours...

MAZEPPA

Cette femme ignorait où le sort vous fit naître.

ROZÉNIE

C'est par elle pourtant que j'ai su me connaître.

MAZEPPA

L'âge faisait briller déjà tous vos appas,
120 Que cette esclave encore ne vous connaissait pas.
Vous la vites alors que ma juste tendresse,
De mes sens enchantés vous rendit la maîtresse.
Je la mis près de vous, où par d'heureux secours
Et son art, et ses soins conservèrent vos jours.
125 Je l'en estimai plus, vous devenant plus chère
Mais vos bontés pour elle...

ROZÉNIE

Hélas! C'était ma mère.[6]

---

[6] V. 126. The mother who becomes a servant in order to be *incognito* near
her child is a theme in Ukrainian folkore, which later was immortalized by

MAZEPPA

Votre mère! Une esclave! Ah! quelle est votre erreur?

ROZÉNIE

Barbare, elle trompa ta crainte, ou ta fureur.
Sous ces habits honteux en la foule ignorée,
130   Aux emplois les plus vils elle se vit livrée.
Cachant et sa douleur, et son nom, et son rang,
Et feignant d'ignorer que j'étais de son sang,
Près de moi sans soupçon tu la vis s'introduire.
Sa prudence longtemps balança de m'instruire,[7]
135   Mais ma tendresse enfin y contraignit son coeur.
J'ignorais cependant l'excès de mon malheur.
En vain je la pressais de me nommer mon père.
Tu veux donc, disait-elle connaître ta misère.
N'arrachant de son sein que des pleurs, des regrets,
140   J'appris à respecter ses funestes secrets.

MAZEPPA

Cela seul prouve assez qu'elle était l'imposture.

ROZÉNIE

Peut-on en accuser la voix de la nature?

MAZEPPA

Si jamais cette esclave...

ROZÉNIE

Attends, ce n'est pas tout,
Il n'est pas temps encore, écoute jusqu'au bout;
145   Attachée à tes pas ainsi qu'à ta fortune,
J'étais prête à céder à ta flamme importune,
Lorsque de tout ton camp le désordre et l'effroi,
M'apprit par mes dangers qu'on t'y donnait la loi:[8]

Taras Shevchenko in his poem "The Servant." Was the author of *Rozenie*
familiar with the folkloric theme?

[7] V. 134. "For a long time, her prudence made her hesitate to inform me."
Both *balancer* and *instruire* are used in an archaic way.

[8] V. 147-148. "When panic in your entire camps made me realize I was in
danger and that you were being overwhelmed."

Ces globes destructeurs[9] dont la cruelle atteinte,
150 En apportant la mort sait prévenir la crainte,
Plus prompts que les éclairs, et moins visibles qu'eux,
Faisaient entendre au loin leurs sifflements affreux.
Un d'eux qui par deux fois avait touché la terre
Se relève à mes pieds et vient frapper ma mère.
155 Je la vois. Elle tombe. Et mes bras tout sanglants
Font pour la soutenir des efforts impuissants.
Ses yeux encore ouverts me peignaient ses alarmes
Dans les flots de son sang je vis couler ses larmes.
D'une mourante voix, elle me dit ces mots:
160 "Mazeppa fut jadis l'instrument de nos maux,
"Ne l'épouse jamais, si la vertu t'est chère.
"Il fut peut-être hélas! l'assassin de ton père.
"Sans lui tu régnerais" ... mes sens inanimés
Ne purent recueillir que ses sons mal formés.

Scène II
Rozénie, Mazeppa, Hitman

HITMAN
165 Mon rival en ces lieux, perfide! Quoi! Ta rage
Pour m'insulter encore contemple ton ouvrage?
Fier du fatal honneur d'avoir pu m'outrager,
Ne te souvient-il plus que je sais me venger?
MAZEPPA
Je tremble peu pour moi. Je crains pour Rozénie.
170 Unissons-nous, Hitman, pour lui sauver la vie.
Sauvons-la des dangers qu'ont produit nos fureurs.

---

[9] V. 149. *Ces globes destructeurs:* "these destructive spheres" means cannon balls. It is an example of d'Estaing's circumlocutions his contemporaries already found annoying. It was used here to show Rozenie's naiveté due to the sheltered existence she had led.

HITMAN

Dis que tes trahisons ont causé ces horreurs.

MAZEPPA

Tu me l'avais ravie, es-tu moins condamnable...

ROZÉNIE

Hitman fut généreux, et toi seul es coupable.

175 Sans vouloir cependant décider entre vous,
Je vais pour vous unir fixer votre courroux.
Tous deux vous aspirez au bonheur de me plaire;
Vous le voulez en vain, je n'ai pu vous le taire.
Sachez enfin pourquoi j'ai rejeté vos voeux:
180 Mon coeur depuis longtemps a connu d'autres feux.

MAZEPPA

D'autres feux. Quels discours?

HITMAN

Vous! Qu'entends-je?

ROZÉNIE

Oui, moi-même.

MAZEPPA

Ce coeur si fier ...

ROZÉNIE

Eh bien, sans changer, ce coeur aime.
Et l'aveu qu'il en fait doit assez vous prouver
Qu'au dessus du vulgaire il a su s'élever.
185 Votre espoir se fondait sur mon indifférence.
J'eusse été criminelle en gardant le silence.
Attendre tout de vous me serait trop honteux.
Ne pas vous détromper vous eut perdu tous deux.
Votre péril enfin deviendrait mon ouvrage.
190 Je ne veux de secours ici que mon courage,
Et vous cacher mes feux, ç'eut été vous trahir.
Ecoutez et bientôt vous saurez me haïr.
Ce n'est qu'un inconnu que mon coeur vous préfère,
Je le vis à l'instant ou je perdis ma mère.
195 L'aveugle désespoir remplaçant ma douleur,
Je t'avais fait sentir ce que peut la fureur.

Hitman, ton sang coulait, méprisant ta blessure,
En ne te vengeant pas tu me faisais injure.
Je cherchais un des tiens dans ces moments affreux,
200   Qui me fût moins cruel étant moins généreux.
Conduite par l'excès d'une rage implacable,
Je courus attaquer un guerrier redoutable.
Terrible et menaçant, tout prêt à m'accabler,
Il me voit, et le fer, qui m'allait immoler
205   Echappe de ses mains, roule sur la poussière,
Rend sa perte certaine, et ma victoire entière.
Je frappais, mais mon bras obéit à mon coeur:
Je connus le plaisir dans le sein de l'horreur.
Par mille passions mon âme déchirée,
210   Au charme de le voir s'était déjà livrée.
Un soupir que ma mère, ah! J'en frémis pour lui:
Il périssait. L'amour fut encore son appui.
Tour à tour écoutant ma colère et ma flamme,
Quand tu me pris, Hitman, il régnait dans mon âme.
215   Cet inconnu sans doute était digne de moi,
Puisque dans un moment il a fait plus que toi.
Je l'aime, je l'adore, et n'en fais point mystère.
Je ne sais point rougir d'un crime involontaire.
Si c'est une faiblesse, et si le ciel jaloux
220   Créa pour notre honte un mouvemnet si doux,
Si pour nous perdre mieux l'aimable sympathie,
Par d'invincibles noeuds nous attire et nous lie,
Si l'honneur la condamne, ôsez donc me punir,
C'est là ce que de vous je prétends obtenir.

HITMAN

225   Je ne croirai jamais ... mais quoi, le Tsar s'avance

MAZEPPA

Dans ces premiers moments évitez sa présence.

ROZÉNIE

Qu'il vienne, s'il est juste, il sera mon appui,
Et si c'est un tyran, je n'attends rien de lui.

Gardes, elle doit fuir les yeux de votre maître.

HITMAN

230   Quand il en sera temps, nous vous ferons paraître.

Scène III

Alekseïevitch, Hitman, Mazeppa,
Menchikov, Suite du Tsar

ALEKSEÏEVITCH

Princes, que j'honorai du nom de mes sujets,
Qu'osez vous donc prétendre, et quels sont vos projets?
Vous que je peux d'un mot élever, ou détruire,
De vos droits et des miens, dois-je encore vous instruire?
235   Sur ce trône terrible, où régnaient mes aïeux
La foudre et la terreur habitaient avec eux.
Possesseurs dès longtemps d'un pouvoir arbitraire,
Leurs seules volontés épouvantaient la terre.
Ainsi qu'eux je peux tout. Mes désirs, sont vos lois
240   Je peux faire ou défaire, et sans règle et sans choix,
Mes bontés entre vous formant des différences.
Votre orgueil n'est fondé que sur des préférences
Et vous devez trembler même en m'offrant des voeux.
Voilà ce que j'ai pu, mais non ce que je veux.
245   J'ai toujours méprisé ces horribles maximes,
Ces droits par qui l'on sut multiplier les crimes.
Le despotisme est fait pour les tyrans cruels
Que le ciel à formés pour punir les mortels.
J'ai prétendu plus loin étendre ma puissance
250   Et régner sur les coeurs par la reconnaissance.
Vous m'avez vu chercher, chez vingt peuples divers,
Et les arts et les lois trésors de l'univers.

90

Dédaignant tout l'éclat de la grandeur suprême,
J'ai voulu m'abaisser, pour m'élever moi-même
255 Et par un tel exemple apprendre à tous les rois
Qu'ils n'en sont que plus grands en s'imposant des lois.
Vous qui les méprisez voyez le précipice.
Où vous allez tomber, si j'en crois ma justice.

HITMAN

Seigneur, tu m'as vaincu, j'ai promis d'obéir;
260 Je connais mes devoirs, et j'ai dû les remplir.
Mais je n'ai point appris en devenant esclave,
A souffrir qu'un égal et m'attaque et me brave.
Mazeppa m'a forcé ... tu sais ce qu'il à fait.
On est peu criminel lorsqu'on l'est en secret.
265 Sans lui, sans sa fureur, ou sans sa perfidie,
Tu ne connaîtrais pas le nom de Rozénie.
Cette femme charmante, innocente envers toi,
En restant dans ces lieux fut coupable par moi.
Des lois que l'on ignore on n'est point la victime.[10]
270 Elle était dans mes fers; seul j'ai causé son crime.
Pardonne à l'impuissance, et sois juste deux fois,
En me rendant sur elle aujourd'hui tous mes droits.

MAZEPPA

Loin d'imiter d'Hitman la farouche insolence,
Je n'ai recours ici, seigneur, qu'en ta clémence.
275 Je ne te dirai point qu'il m'avait enlevé
Cet objet de mes feux qu'en ses bras j'ai trouvé,
Que j'ai cru te servir, en servant ma tendresse
Et bannir de ton camp toute ombre de mollesse.
Non, seigneur, tous mes droits sont ici superflus.
280 Prétendre s'excuser c'est un crime de plus.
Je me crois trop coupable ayant pu te déplaire,
Et je dois à genoux adorer ta colère.

---

[10] V. 270. *Elle était dans mes fers:* she was in my power; literally: she
was my captive.

Ta gloire et tes vertus méritent nos autels,
Et tu peux comme un dieu gouverner les mortels.
Tout est juste pour toi ...

ALEKSEÏEVITCH

285   Lâche! Ta perfidie
Ose donc se porter jusqu'à la flatterie.
Ce méprisable encens qu'on prodigue au pouvoir
Couvre d'un voile épais la route du devoir.
A mes yeux, Mazeppa, tout flatteur est un traître,
290 D'autant plus dangereux qu'il craint de le paraître,
Et que par ses discours qu'on croit trop aisément,
Il sait pour nous tromper nous plaire en nous perdant.
Tu me trahissais moins, quand bravant ma colère,
Tu te joignis à ceux qui me faisaient la guerre.
295 Je te vainquis sans peine, et le Nord[11] enchaîné
S'étonna que son maître eut enfin pardonné.
Je veux bien n'écouter encore que ma clémence:
C'est le plus beau des droits de la toute puissance.
J'oublirai votre crime et fais grâce à tous deux.
300 Hitman à ce bienfait tu dois borner tes voeux,
Et quand à ton esclave on lui fera justice.
L'innocence avec moi ne craint point le supplice.
Cantemir est son juge, il peut seul prononcer.
Qu'il parle! Le voici.

HITMAN

             Que va-t-il m'annoncer?

---

[11] V. 295. *Le Nord* designated Northern Europe, as in *la Guerre du Nord:*
the war between Charles XII and Peter the Great. Here Alekseievitch uses
the word to refer to his sphere of influence, his empire.

Scène IV
Alekseïevitch, Cantemir, Hitman,
Mazeppa, Suite.

CANTEMIR

305 Elle m'a donc trompé. La prudente sagesse
N'est pas toujours le fruit de la lente vieillesse.
On peut dans tous les temps se faire illusion
Chaque âge a ses défauts, comme sa passion.
Seigneur, il est trop vrai, Rozénie est coupable
310 Et ma pitié pour elle en est plus condamnable.
Cent témoins me l'ont dit. Elle était dans ces lieux
Pour partager d'Hitman et le crime et les feux.
Et libre d'en sortir, son exécrable adresse
A pour les désunir employé leur tendresse.
315 J'ignore quelle erreur m'intéresse à son sort.
Ce n'est qu'en soupirant que j'ordonne sa mort.

MAZEPPA

Quoi! C'est donc Cantemir qui proscrit Rozénie?[12]

HITMAN

En croiras-tu, seigneur, l'horrible calomnie?
Les propos du vulgaire ont-ils droit d'abuser?[13]
320 Vil esclave des grands, il veut les excuser,
Et défauts qu'ils ont accusant l'innocence,
Il décide et croit tout sur la simple apparence.
Toute vertu l'étonne, il la croit rarement.
Le crime est plus commun, il condamne aisément.
325 Si c'est être innocent que haïr qui nous aime,
Rozénie envers nous est l'innocence même.
C'est le devoir des rois que de la discerner.

ALEKSEÏEVITCH

C'est devenir cruel que de trop pardonner.

---

[12] Mazepa is the most surprised of all because he alone knows that
Kantemir is Rozenie's father.
[13] V. 319. *Abuser:* her, to deceive.

en montrant Cantemir

Vous l'avez entendu, gardes! Qu'on obéisse!

MAZEPPA

330 Seigneur, au moins d'un jour retarde son supplice.

HITMAN

Paraissez, il est temps, victime de nos lois.

Scène V

Alekseïevitch, Rozénie *enchaînée,* Cantemir,
Hitman, Mazeppa, Menchikov, Suite.

ROZÉNIE

Tyran, tu veux ma mort ... Est-ce lui que je vois?
Me trompai-je? Avançons, Hitman. C'est là ton maître?

HITMAN

D'où vient l'étonnement que vous faites paraître?

ALEKSEÏEVITCH

335 Soldats, évitez-moi d'inutiles douleurs,
Et que par son supplice on termine ses pleurs.

ROZÉNIE

Tu condamnes, cruel, qui t'a sauvé la vie,
Daigne me regarder, vois quelle est Rozénie.[14]
Mon coeur te reconnaît, ton injuste courroux
340 Pourrait-il sans pitié me voir à tes genoux?

ALEKSEÏEVITCH

Qu'entends-je? Qu'ai-je vu? Cantemir, ah! C'est elle!

CANTEMIR

Cette femme? Ah! seigneur....

HITMAN

                  Découverte cruelle!

MAZEPPA

Jour affreux!

---

14 V. 337. *Vois quelle est Rozénie:* archaic for *Vois qui est Rozénie.*

ALEKSEÏEVITCH

Cher objet, pardonne à mon erreur,
Tu conservas mes jours; tu feras mon bonheur.
345 Tu vis, et je te vois, ô moment plein de charmes!
Rappelle-toi ce jour qu'au milieu des alarmes
Mes yeux pleins de courroux se fixant sur les tiens
T'apprirent tout l'effet ....

ROZÉNIE

Lis aussi dans les miens!

ALEKSEÏEVITCH

Je le retrouve enfin... comment...Et quoi...Ta flamme...
350 Quel sentiment nouveau s'élève dans mon âme?
Que sais-je? Ingrate...Hitman...dans ce camp, parmi nous
Tes regards m'ont trompé...

ROZÉNIE

Dieux! Que soupçonnez vous?

ALEKSEÏEVITCH

Eh! bien, Madame, Eh! bien, oui je vous dois la vie.
Pour tout autre que moi cela vous justifie...
355 Sortez. Toi, Menchikov, va ... que libre en ces lieux
Elle soit cependant cachée à tous les yeux.

ROZÉNIE

Que j'aime tes transports, tant de fureur me flatte.
Tu m'en as dit beaucoup en m'appelant ingrate.
Je ne t'ai point trompé quand tu me connaîtras
360 Tu me plaindras peut-être et me respecteras.

Scène VI
Alekseïevitch, Cantemir, Hitman,
Mazeppa

ALEKSEÏEVITCH

Que croire, et que penser? Mon amour, mon outrage,

95

Ma joie, et ma douleur, son crime et son courage.
Tout m'accable à la fois, dans l'état où je suis...
à Cantemir
Viens ami. T'écouter, c'est tout ce que je puis.
HITMAN
365 Seigneur, sans pénétrer cet étonnant mystère
Daigne nous dire au moins?...
ALEKSEÏEVITCH
Arrête, téméraire!
Qu'allais-tu demander? Rentre dans ton néant!
On t'instruira trop tôt; attends en frémissant.

Scène VII
Hitman, Mazeppa

HITMAN
Non, je te préviendrai.
MAZEPPA
Tu vois comme on nous traite
Souffriras-tu qu'ici sa flamme satisfaite ....
HITMAN
Je m'unis à ta rage, il nous faut des forfaits.
372 Allons, et dans le sang étouffons nos regrets.

Acte III

Scène Ière

ROZÉNIE,
tenant une espèce de poignard
Soutien de mon honneur, triste don que ma mère
M'a dit avoir reçu de mon malheureux père,
Fer sacré qui toujours fit trembler mes tyrans,
J'attends ici de toi des services plus grands.
5   Je n'ai plus maintenant à craindre que moi-même,
Défends-moi, de mon coeur, et d'un héros qui m'aime.
Ne souffre pas qu'ici ce coeur soit combattu,
Qu'il balance à choisir le vice, ou la vertu:
Plonge-toi dans mon sein plus tôt que ma faiblesse
10   Puisse me faire un jour rougir de ma tendresse.

Scène II
Alekseïevitch, Rozénie

ALEKSEÏEVITCH
Charmes qui m'attirez, trop séduisants appas,
Mon devoir a parlé, je ne vous craindrai pas.
à Rozénie
O vous, qui dans ces lieux prête à m'ôter la vie,
Respectâtes l'érreur de mon âme ravie,

97

15 Je ne viens point ici comme un juge irrité,
Ou comme un faible amant par l'amour excité.
Vous avez pu me perdre, et ma reconnaissance
Doit vous laisser le choix de votre récompense.
Vous êtes à l'abri de la rigueur des lois.
20 Tout crime est oublié lorsqu'on sauve les rois.
Parlez, et mes bienfaits préviendront votre attente.

ROZÉNIE

Une telle promesse est peut-être imprudente.
Permets, Tsar, qu'avant tout, j'ose te demander
A qui tu dois le jour qu'on m'a vu t'accorder?
25 Quel sentiment ,crois-tu, suspendit ma colère,
Dans cet instant terrible où perdant une mère,
Le désespoir, la rage, et leurs sombres horreurs
Semblaient par mes dangers accroître mes fureurs?
Sans armes, sans secours, incertaine, immobile,
30 Je pouvais me vanger, ta perte était facile.
Qui put donc te sauver, et qui retint mes coups?

ALEKSEÏEVITCH

Tout hommage flatteur désarme le courroux.
Ce tendre étonnement, cet aimable délire
Que la beauté fait naître et qu'on ne peut décrire,
35 Ce pouvoir enchanteur qu'avec vous je ressens,
Alors comme aujourd'hui régnait sur tous mes sens.
Reconnaissant sans doute aisément votre ouvrage,
Vous ne voulûtes point en tirer avantage,
Et la seule pitié ...

ROZÉNIE

La pitié seulement,
40 Tu le crois, peut produire un si grand changement.

ALEKSEÏEVITCH

Je l'avourai, je crus qu'imitant ma faiblesse,
Votre coeur partageait mon trouble et ma tendresse.
Aujourd'hui même encore trompé par mes désirs,
Vos regards m'ont semblé répondre à mes soupirs.
45 Séduit par mon bonheur, vous revoyant si belle,

Rozénie à mes yeux n'était point infidèle.
Vous l'êtes. Nul espoir ne peut m'être permis
Votre honte... Que dis-je? Et qu'aviez vous promis?
D'un aveugle transport vous n'avez rien à craindre.
50 Je serais trop injuste. Ai-je droit de me plaindre?
J'ai créé sans raison un fantôme si doux,
Un miracle si grand n'appartenait qu'à vous.
Vous seule en un instant pour toujours pouvez plaire,
Et vos bontés pour moi ne sont qu'une chimère
55 Qu'enfanta mon orgueil, qu'a nourri mon amour,
Et dont l'éclat trompeur se dissipe en ce jour.
Si, lorsque je vous vis, il eut été possible
Qu'une tendre pitié vous eût rendu sensible,
Hitman eût sans succès tenté de vous aimer.
60 Ou je rougirais trop qu'il eût pu vous charmer,
Qu'il eût de votre coeur pût chasser mon image.

ROZÉNIE

Va, ne redoute point un si sanglant outrage....
Si jamais cependant je n'eusse aimé que lui,
Contre un maître irrité, quel serait son appui?

ALEKSEÏEVITCH

Mon honneur, mon devoir.

ROZÉNIE

65   Quoi! Seigneur, ta puissance
Loin de persécuter un amour qui t'offense,
Nous prêtant son appui, couronnerait nos feux.

ALEKSEÏEVITCH

Je sais ce que je dois, et non ce que je peux.
J'en mourrai de douleur, mais sans être coupable.

ROZÉNIE

70 Quoi d'un si grand effort, tu serais donc capable?

ALEKSEÏEVITCH

J'hésite, je frémis, et mes sens agités
Sont contre ma raison vainement révoltés.
On ne peut être heureux quand on l'est par un crime.
D'un prétendu bonheur je serais la victime.

75 Le doute est un forfait; mon trouble m'avilit;
    Mon devoir m'est connu; mais mon coeur en gémit.
    Profitez du moment où ma vertu l'emporte.
    Chaque instant près de vous peut la rendre moins forte
    Et lorsqu'un faible amant ne peut se faire aimer,
80 Il s'embarasse peu de se faire estimer.
    Fuyez, éloignez-vous, il le faut pour ma gloire.
    Remportez sur mes feux cette horrible victoire.

                    ROZÉNIE

    N'écoute plus qu'eux seuls; ils sont dignes de moi,
    Puissai-je par les miens le devenir de toi.

                    ALEKSEÏEVITCH

85 Est-il vrai? Je serais aimé de Rozénie?

                    ROZÉNIE

    Oui, seigneur, oui, tu l'es, et pour toute la vie.
    Je ne m'en cache plus, je voulais t'éprouver.
    Je cherchais un héros, et j'ai su le trouver.
    Tes triomphes, ton nom, ma flamme et ta puissance
90 N'auraient pu me forcer à rompre le silence.
    Si ton coeur eût été capable d'un forfait
    Le mien en rougissant eût gardé son secret.
    Je craignais mon amour, tu le rends légitime
    Puisque mes sentiments sont fondés sur l'estime.
95 Ils ont pu te sauver; on sera peu surpris
    Que ton coeur et ta main en deviennent le prix.

                    ALEKSEÏEVITCH

    Que je serais heureux! Que ne puis-je vous croire?
    Mais dans les fers d'Hitman ...

                    ROZÉNIE

                    Ah! Respecte ma gloire.
    Pour te mériter mieux je dois te ressembler.
100 Je n'ai que ma vertu pour pouvoir t'égaler.
    Douter c'est l'affaiblir. Tout soupçon l'humilie.
    Ce n'est qu'en s'abaissant que l'on se justifie.
    Apprends à me connaître, et vois quel est le coeur
    Dont le ciel a voulu que tu sois le vainqueur.

105 Je ne ressemble point à ces femmes timides
Que l'on forme en naissant à devenir perfides
Et dont l'art séducteur[1] enchaînant les humains,
Met le sort des états dans leurs débiles mains.
Leur pouvoir à mes yeux est un nouvel hommage,
110 C'est le fruit méprisé d'un honteux esclavage.
Contraintes de cacher leurs moindres sentiments,
Leurs coeurs sont à la fois esclaves et tyrans.
Le mien dépend de lui. Ce qu'il pense, il l'exprime.
Le crime qu'on ignore, est pour lui toujours crime;
115 Pour lui l'opinion a de faibles appas.
Il se détesterait s'il ne s'estimait pas.
L'orgueil fit mes vertus il est leur récompense.
Le mensonge est toujours le dieu de l'impuissance.
Jamais je n'employerrai ces frivoles secours.
120 Pour qui sait n'en rien craindre, il n'est point de
Détours. Si mon sexe nourri des mains de la molesse
Chérit l'illusion d'une heureuse faiblesse.
J'ai bravé ce fantôme, et j'ai dans mes malheurs
Prouvé que le courage élève tous les coeurs.
125 L'aimable ambition d'une innocente flamme
Va remplir désormais le vide de mon âme.
Contente de te plaire et de vivre pour toi,
Ma fierté, sans rougir, fléchira sous ta loi.
L'amour est des vertus la source inépuisable,
130 Quand pour se faire aimer il sait être estimable.
Tout me devient possible, et jusqu'à mon bonheur
Je le sacrifierai s'il faut à ton honneur.
Oui, si le préjugé m'est aujourd'hui contraire,
Si l'on ne voit en moi qu'une femme ordinaire,
135 Je renonce à ta main, ce serait t'abaisser.
Tes bontés à ce prix sembleraient m'offencer.
La honte du serment fait bientôt un parjure.
Je craindrais trop un bien dont la gloire murmure

---

[1] V. 107. *L'art séducteur:* the art of deceiving.

A devenir plus grand applique tous tes soins.
140 Si tu t'avillissais, je t'en aimerais moins.
Mon unique désir et mon bonheur suprême,
C'est même en t'adorant de t'aimer pour toi-même.

ALEKSEÏEVITCH

Ne me trompez-vous pas? Non, de tels sentiments
Ne sont point imités par des déguisements.
145 Tout coeur qui parle ainsi ne dit que ce qu'il pense.
Oui, le mien vous promet ma main, et ma puissance.
Rien ne peut m'empêcher de m'unir avec vous.
Les princes ne sont point esclaves parmi nous;
La plus digne du trône y peut être placée.
150 Nous ne connaissons point cette règle insensée.
Qui fait que la vertu qu'embellit la beauté
Ne peut d'un rang trop bas percer l'obscurité.[2]
Le plaisir le plus doux de la grandeur suprême,
155 Cantemir va bientôt justifier mon choix.
Vous savez que le peuple est le juge des rois.
Mon amour aujourd'hui paraîtrait condamnable,
Si malgré vos vertus on vous croyait coupable.
Ce nuage offensant sera bientôt détruit,
160 D'un bonheur sans regrets je goûterai le fruit.

ROZÉNIE

Tu parles de regrets, tu me crois avec peine.
Tout autre par ce mot eût mérité ma haine.
Ignores-tu seigneur, que qui prétends aimer
Doit commencer au moins par savoir estimer.

ALEKSEÏEVITCH

165 Un bien inattendu mène à l'incertitude.

ROZÉNIE

Tes soupçons sont fondés sur ton ingratitude.

---

2 The author turns Alekseievitch's claim that in Russia the czar could marry a commoner of merit into an attack against the rigid prohibition of such practice in the West.

ALEKSEÏEVITCH

Rozénie, un ingrat est rarement jaloux.

ROZÉNIE

Ces craintes, ces débats ne sont pas faits pour nous;
Laissons à ces amants qu'enfante la faiblesse,
170 Ces infâmes moyens d'exprimer leur tendresse.
Si malgré le mépris d'un doute si cruel
Je suis digne de toi?

ALEKSEÏEVITCH

Si vous l'êtes? Ô ciel!

Pardonnez à mon coeur une crainte funeste
Un seul de vos soupirs en étouffe le reste.

ROZÉNIE

175 Tu t'abuses, je sais qu'un si triste poison
Ne cède qu'avec peine aux lois de la raison.
A ces vaines erreurs ton âme est toute en proie.

ALEKSEÏEVITCH

Je crains de me livrer à l'excès de ma joie.
Si vous m'aviez trompé, dans quel tourment affreux...
180 Ah daignez par pitié, daignez me rendre heureux.
Vous pouvez d'un seul mot dissiper mes alarmes.
Hitman, il me l'a dit, il adorait vos charmes.
Que ne pouvait-il pas? Seul maître de vos jours,
Vous étiez dans ses fers, vous étiez sans secours.

ROZÉNIE

185 Apprends que la vertu se suffit elle-même.[3]
Elle assujettit tout à son pouvoir suprême.
Le crime la respecte; il n'ose qu'en tremblant;
L'innocence sans crainte effraye le méchant.
Ce fer m'eût défendu. Qui sait perdre la vie,
190 Conserve son honneur et craint peu l'infamie.
Hitman me connaissait. Non jamais devant moi,
Ce malheureux amant n'eût tant ôsé que toi.
Son coeur plus généreux m'estimait d'avantage,

---

[3] V. 185. Today *se suffire* requires the preposition *à*.

Et ses jaloux soupçons ne m'ont point fait outrage.

ALEKSEÏEVITCH

195   Je déteste les miens, c'en est fait, et mon coeur
Ne veut plus désormais douter de son bonheur.
Ma gloire est à couvert, mon âme est satisfaite,
Le ciel peut donc former une femme parfaite.

ROZÉNIE

L'amour me la rendra. Qu'il éclate à tes yeux.
200   Est-ce à moi d'en rougir? C'est un présent des cieux.
Je t'aime, et sans faiblesse, elle m'est inconnue,
Et je peux te montrer mon âme toute nue.
Pourquoi te cacherais-je un si beau sentiment?
C'est trahir sa tendresse et tromper son amant.
205   C'est enfin l'offenser et se craindre soi-même.
Que ne puis-je exprimer à quel excès je t'aime?
Quel bonheur je me fis de vivre sous tes lois
Et combien de plaisir je goûte où je te vois.
Un charme tout puissant me donne un nouvel être.
210   D'une douce langueur ma flamme semble naître.
Je chéris mes désirs, je me livre à mes feux,
Et du sein du bonheur je forme d'autres voeux.

ALEKSEÏEVITCH

Qu'un si charmant aveu dicté par la nature
Est pour un tendre amant l'offrande la plus pure!
215   Que j'en connais le prix! Le trouble de mes sens
N'exprime point assez tout l'amour que je sens.
Venez, c'est trop tarder. Que l'univers apprenne
Qu'en ces lieux la vertu peut s'élever sans peine,
Que je l'adore en vous, qu'elle à fixé mon choix,
220   Que les mortels sont nés pour vivre sous ses lois.

Scène III

Alekseïevitch, Rozénie, Cantemir

ALEKSEÏEVITCH, *à Cantemir*

Ami, vole à ses pieds. Par ce premier hommage
Efface des discours qui lui faisaient outrage.

CANTEMIR

Mes discours, il est vrai, méritaient son courroux.
Elle était innocente; Hitman est son époux.

ALEKSEÏEVITCH

O crime!⁴ Ah! malheureux?

ROZÉNIE

225   Mon époux? Quel blasphême!
Quel mensonge nouveau! Qui te l'a dit?⁵

CANTEMIR

                            Lui-même;
Mazeppa son rival convaincu comme moi,
Reconnaissant ses droits ne prétend plus à toi.

ROZÉNIE

La crédule vieillesse est du faux trop avide.
Seigneur, pardonne-lui...ciel! tu le crois.

ALEKSEÏEVITCH, *à Rozénie*

230   Perfide,
Sans l'affreux souvenir d'un bienfait que je hais,
On m'eût déjà vengé des maux que tu me fais.

ROZÉNIE

Quel discours! C'en est trop! Ma fermeté succombe.
En vain je veux sortir du doute où je retombe.
235 Ces traîtres réunis! Ah, seigneur, tu les crois!
Quels regards! Tu frémis. Es-tu sourd à ma voix?
Moi! L'épouse d'Hitman ... moi, je serais capable

---

4 V. 224. Alekseievitch does not consider Rozenie's alleged marriage to
Hitman as a crime, only the fact that she concealed it from him.
5 V. 226. *Qui te l'a dit?* Who told you so? is a famous line from Racine's
Andromaque.

D'enfanter dans mon sein ce projet détestable?
J'oublirais mes serments; mon amour séducteur
240 Prétendrait à ta main, en perdant mon honneur?

ALEKSEÏEVITCH

Cantemir, tu l'entends.

CANTEMIR

J'admire son audace.

à Rozénie

Va, laisse-moi le soin de demander ta grâce.
Fuis, malheureuse, fuis.

ROZÉNIE

Cher et cruel amant,[6]
Daigne au moins par pitié m'écouter un moment.
245 L'état où tu me vois, a-t-il pour toi des charmes?
La rage et la douleur me font verser des l'armes.
Des monstres à leur gré m'oseront accuser,
Et loin d'être punis, ils pourront t'abuser.
Le crime me poursuit, son horreur m'environne,
250 Je n'espérais qu'en toi, c'est toi qui m'abandonnes.
Je ne peux me défendre, et ton coeur me trahit.

CANTEMIR

Tu prétendrais encore après ce que j'ai dit?

ROZÉNIE

Détestable vieillard, appui de l'imposture,
Sais-tu que l'imprudence est égale au parjure,
255 Que qui doit jusqu'aux rois porter la vérité
Répond à l'univers de sa credulité.

CANTEMIR

D'un coupable endurci ton front a l'arrogance.

ROZÉNIE, *à Alekseïevitch*

Seigneur, c'est trop longtemps outrager l'innocence.
Qu'Hitman par son trépas ...

---

6 V. 243. *Cher et cruel amant:* dear and cruel lover; here: the man I love.

CANTEMIR

               Qu'oses-tu dire! Ô cieux!

Ton époux ...

ROZÉNIE

    C'est un traître ....

ALEKSEÏEVITCH, *à sa suite*

260   Ôtez-la de mes yeux.

Allez. Qu'aucun sujet, s'il craint de me déplaire,
Ne porte sur son maître un regard téméraire:
C'est à vous de cacher les faiblesses des rois;
Qui connaît leurs défauts, bientôt brave leurs lois.

ROZÉNIE

265 Si le plus grand d'entre eux juge sur l'apparence,
Il n'appartient qu'au ciel de prendre ma défense.

Scène IV

Alekseïevitch, Cantemir

ALEKSEÏEVITCH

Sexe[7] né pour nous perdre et qui régnez sur nous,
Vous, que le sage abhorre, et qu'il sert à genoux.
Etre dont la beauté cache les artifices,
270 Puisse ainsi l'univers connaître tous vos vices
Ou plutôt, s'il se peut, que toujours aveuglé,
Son bonheur, quoique faux, ne soit jamais troublé.
Cantemir, oui, sans toi, je goûterais encore
La douceur d'estimer ce monstre que j'adore.
275 Sans toi, sans tes discours, l'affreuse vérité
N'eût point de tant d'horreurs percé l'obscurité.

CANTEMIR

J'ai dû vous l'annoncer, et son éclat vous blesse.

---

7 V. 268. Archaic for "women."

Non, tu n'ignorais pas l'excès de ma tendresse:
Cesse de te flatter que j'approuve la main
280 Qui vient de m'enfoncer un poignard dans le sein.
Je déteste ton zêle. Il a trop su me nuire.
Charmante illusion, on vient de te detruire.
Mon bonheur disparait, il s'envole avec toi.
Le désespoir me guide, et lui seul est ma loi

CANTEMIR

Quoi, ce Tsar ....

ALEKSEÏEVITCH

285   Imprudent, mes maux sont ton ouvrage.
Evite un malheureux qui n'en croit que sa rage.
Mon coeur ne connaît plus la timide équité.
Du sang qui me format j'ai la férocité.
Cet instant me la rend et m'a raison lui cède.
290 Crains de voir ses effets. Le touble les précède,
Je le sens, il l'emporte. Injuste en ma fureur,
Je pourrais me porter au comble de l'horreur.
Qui m'annonce ma perte en devient responsable.
Précipiter mes maux, c'est s'en rendre coupable.

CANTEMIR

295 Est-ce vous, juste Dieu, qui me parlez ainsi?

ALEKSEÏEVITCH

C'est moi qui pour ton bien veut t'éloigner d'ici.
Je me connais. Fuis-moi. La fureur qui m'anime
Me demande du sang, n'importe par quel crime.
Crains que le tien, enfin par ce bras répandu....

CANTEMIR

300 Les ans pour le tarir ont en vain attendu;
De ce sang tout glacé faites couler le reste,
Je l'avais réservé pour un coup moins funeste.

ALEKSEÏEVITCH

Cantemir! Ah mon père! Et crois-tu mes transports?
Pour te rendre ton fils il ne faut qu'un remords.
305 Tes jours me sont sacrés...pour Hitman, qu'il périsse.

De Rozénie aussi j'ordonne le supplice.
Que la femme et l'époux serrés des mêmes noeuds,
Percés des mêmes coups expirent tous les deux.
Il faut, je le veux: leur mort est nécessaire.
310 Puisse-t-elle aujourd'hui suffire à ma colère.
Mon aveugle courroux est un feu dévorant.
Prétendre l'arrêter c'est le rendre plus grand.
Ami, le seul bonheur connu des misérables
C'est l'effroyable bien de se voir des semblables.
315 Tyrans, Alekseïevitch va donc vous imiter.
Tu sais mes volontés, va les exécuter.
Que les traîtres ... mais quoi, tes yeux versent des larmes.

CANTEMIR

Je pleure des vertus ....

ALEKSEÏEVITCH

Qui pour moi sont sans charmes,
Le vice les imite, il s'en pare à son gré.
320 C'est par leur nom trompeur que mon coeur attiré,
S'est rempli pour jamais de ce poison funeste.
De ma faible raison je pallierai le reste.
J'écoutais tes conseils, j'étouffais mon amour.
Rozénie, elle allait s'éloigner dès ce jour.
325 Vains projets! La perfide! Ah! par quel artifice
Elle à su m'entraîner au fond du précipice.
Toi-même eus succombé. Sa noble fermeté
Paraissait m'assurer de sa naïveté.
Peut-on avec tant d'art[8] soutenir l'imposture?
330 L'art peut-il a ce point imiter la nature?

CANTEMIR

Votre amour vous trompait.

ALEKSEÏEVITCH

Ne m'en accuse pas,
J'admirais plus alors son coeur que ses appas.[9]

---

[8] V. 329. *Art:* craftiness.
[9] V. 332. *Appas,* here: looks, physical charm.V. 361.

Heureux dans mon erreur, je croyais voir en elle
Des plus grands sentiments le plus parfait modèle.
335 Il me semblait enfin qu'en lui donnant ma foi,
Je faisais peu pour elle et faisais tout pour moi.
Je blamais mes soupçons, j'oubliais sa bassesse
Sans daigner consulter mon coeur, ni ma tendresse,
J'en croyais des vertus qui savaient m'étonner,
340 Et par devoir enfin j'allais la couronner.
Elle qui d'un Tatare est l'épouse et l'esclave!
Je ne souffrirai point que leur amour me brave.
Qui me put offenser mérite le trépas.
Obéis!

CANTEMIR

Non, seigneur, je n'obéirai pas.

ALEKSEÏEVITCH

Que dis-tu?

CANTEMIR

J'en appelle?

ALEKSEÏEVITCH

A qui donc?

CANTEMIR

345 A vous-même?

ALEKSEÏEVITCH

A moi! Va! Je t'entends. Que mon trouble est extrême!
Malheureux, tu te plais à me désespérer.

CANTEMIR

Si l'amour loin de vous à pu vous égarer,
Si jusqu'à vous ce mot à porté la lumière,
350 C'est assez, je rendrai votre victoire entière.
Je sais qu'Alekseïevitch n'a besoin que de lui.
Ce serait l'offenser que d'être son appui.
Si son coeur jeune encore fut jadis mon ouvrage,
Aujourd'hui mes conseils sembleraient un outrage.
355 Vous ne me verrez point tombant à vos genoux,
Vous aider à vous vaincre, et vous prier pour vous.
Un secours superflu devient presque une offense;

Vôtre coeur a parlé, je garde le silence.
Si le mien s'affligeait en voyant vos fureurs
360 Il savait qu'un instant détruisait ces erreurs.
Un héros tel que vous ne peut cesser l'être.[10]
Il le voudrait en vain, il n'en est pas le maître,
Et cet heureux penchant qui le rend vertueux,
Des autres passions sait étouffer les feux.
365 La plus forte est l'honneur, seigneur, voilà le vôtre.
Oserez-vous consulter? Vous n'en aurez point d'autre.

Scène V
Alekseïevitch, Cantemir, Menchikov

MENCHIKOV
Imprudent par devoir, un sujet en ces lieux,
Jusqu'à vous en tremblant doit-il lever les yeux.
ALEKSEÏEVITCH
Parle, rassure-toi.
MENCHIKOV
L'aimable Rozénie
370 Vous demande, seigneur, qu'avant d'être bannie,
Elle puisse à vos pieds révéler des secrets,
Qui vous feront d'Hitman connaître les projets.
Elle voudrait de tout devant lui vous instruire,
Mais, comme en la voyant il pourrait la séduire,
375 Et que déjà l'on dit, que comme à son époux
Vous la lui remettez et l'éloignez de vous,
J'ai craint que son départ ne cacha ce mystère.
Et j'ai cru ne pouvoir un moment vous le taire.
ALEKSEÏEVITCH
Eh! qui t'a dit qu'Hitman la recevrait de moi?

---

[10] V. 361. Today, the preposition *de* is required with the verb *cesser*.

380 A ce bruit répendu chacun ajoute foi.
Tout le camp me l'a dit. Rozénie alarmée,
Sans paraître surprise en croit la renommée.[11]

ALEKSEÏEVITCH

Tout le camp? Elle aussi? Menchikov, j'aurai soin
De ne point éloigner cet important témoin.
385 Je verrai son époux. Elle y sera présente.
C'est assez. Va, ton zèle a rempli mon attente.

Scène VI
Alekseïevitch, Cantemir

CANTEMIR

Fuyez un entretien cruel ou dangereux.
On ne veut, croyez-moi que rallumer vos feux.

ALEKSEÏEVITCH

Les rallumer? Crois-tu que j'ai pu les éteindre?

CANTEMIR

390 Vous le devez du moins; mais dois-je encore les craindre?
Tout ce camp mieux que moi connaît-il vos vertus?
Je le vois: vous cherchez un triomphe de plus.
Me pardonnerez-vous un excès de prudence?
Je l'avourai: je crains qu'un reste d'ésperance
395 Ne vous oblige encore à daigner la revoir
Son art et ses discours nourrissant votre espoir,
En voilant ses forfaits lui rendront son empire,
Peut-être en s'excusant ...

ALEKSEÏEVITCH

Que pourrait-elle dire?

_____

[11] V. 382. "Alarmed without appearing to be surprised, Rozenie believes the rumor." _Renommée_ is no longer used in this sense.

Son crime est trop certain; elle avait un époux.

CANTEMIR

Vous fûtes son amant.

ALEKSEÏEVITCH

400   Nom funeste et trop doux.

CANTEMIR

Si ce nom fut honteux, perdez-en la mémoire.

ALEKSEÏEVITCH

Nul amour jusqu'ici n'avait flétri ma gloire.
J'attendais pour aimer et pour donner ma foi
Que le ciel eût formé quelqu'un d'égal à moi.
405 Ma fierté m'arrêtait, idole de mon âme.
Ami qui l'aurait cru qu'une si vite[12] flamme
Aurait pu dégrader un coeur comme le mien?
Quel opprobre? Qui? Moi?

CANTEMIR

                   Ne rougissez de rien.
Il est plus glorieux de vaincre une faiblesse
410 Que de suivre aisément les lois de la sagesse.
C'est être sans vertus que d'être sans défauts.
Aux grandes passions on connaît les héros.
Lorsqu'on peut les dompter on en tire avantage.
La crainte de soi-même élève le courage.

ALEKSEÏEVITCH

Tu veux que sans la voir....

CANTEMIR

415   Cessez de balancer;
Quiconque est indécis....

ALEKSEÏEVITCH

                Oses-tu le penser?
Un instant m'a suffi, et c'en est trop peut-être.
Je serais incertain, j'aurais pu le paraître;
Capable d'un forfait et non d'un repentir

---

[12] V. 406. *Une si vite flamme:* such a sudden love. *Vite* can no longer be used as an adjective.

420   Je puis être coupable et non pas m'avilir.
      Moi! J'aurais les erreurs de ces âmes flottantes
      Qui trop faibles en tout, sont toujours inconstantes;
      Qui sont ce qu'on les fait et qu'on voit au hasard
      S'égarer en tremblant, et rougir, mais trop tard.
425   Toute indécision ne rend que méprisable.
      Mon coeur en se fixant devient inébranlable.
      Tu le sais. Oui, du ciel je reçus en naissant
      D'un inflexible orgueil le dangereux présent.
      L'estime, et l'amitié t'en ont rendu le maître.
430   Il à plié sous toi, mais tu dois le connaître:
      Si jamais mes desseins devenaient criminels,
      Tu compterais en vain sur tes soins paternels.
      La honte de changer me rendrait tout possible.
      Au-dessus des remords j'en serais plus terrible.
435   Viens, et de ma fermeté tu vas voir les effets.
      Tu verras si l'on peut ébranler mes projets.
      Dès demain que ces lieux déserts avant l'aurore,
      Ne nous rappellent plus ce qui me déshonore.
      Puissai-je l'oublier! Pour toi, souviens-toi bien
440   Qu'un grand coeur peut errer, mais qu'il ne doute en rien.

Acte IV

Scène Ière
Hitman, Mazeppa

MAZEPPA

T'aurais-je fait en vain un si grand sacrifice?
Aurais-tu les terreurs d'un timide complice?
Hitman, balances-tu? Le sombre repentir
Semble peint sur ton front: craindrais-tu l'avenir?

HITMAN

5   Je connais le danger, sans connaître la crainte.
J'ai promis, j'agirai, mais j'abhorre la feinte.

MAZEPPA

Sans elle, cependant ...

HITMAN

              Mazeppa, je le vois;
Notre haine n'a pas la liberté du choix:
La seule trahison nous mène à la vengeance.

10   Mais ce moyen honteux prouve notre impuissance.

MAZEPPA

Il la fera cesser...

HITMAN

          En nous déshonorant.

MAZEPPA

Te déshonorer? Toi? Ce discours me surprend.
Depuis quand as-tu donc cette frayeur bizarre?
Parle! N'es-tu donc plus ce généreux Tatare,

15 Ce fameux Nogaïs[1] si longtemps redouté
   Qui par la soif du sang au pillage excité,
   Funeste au citoyen, au guerrier invincible,
   Implacable par tour, à ses voisins terrrible,
   Qui des bords du Volga,[2] jusqu'aux rives du Don,
20 Porta vingt fois la mort, et l'horreur de son nom.

                    HITMAN
   Je le suis. Digne enfant de l'aride Crimée,
   Mes dieux, mes lois, mes biens, mes droits, sont mon
       épée.
   Sans pitié pour le faible, et né pour les combats,
   Ce bras immola tout, mais ne trahissait pas.
25 Ce tsar qui m'a vaincu serait déjà sans vie
   Si sa mort à mes yeux n'eût paru perfidie.
   Je lui donnai ma foi.

                    MAZEPPA
              La garderas-tu?

                    HITMAN
                            Non!
   Rozénie ... elle l'aime. En voilà la raison.

                    MAZEPPA
   Si trompé par mes soins il allait te la rendre?

                    HITMAN
30 Il l'adore, à ce bien je ne dois point m'attendre.

                    MAZEPPA
   Il te croit son époux. S'il la rendait enfin?

                    HITMAN
   N'importe. Cette nuit je lui perce le sein.
   Puisqu'il faut malgré moi que je devienne un traître,
   Je choisis le forfait qui me laisse sans maître.
35 Je ne balance pas, tous deux avez ma foi.

---

[1] V. 15. The Nogaïs, subjects of the Crimean Khans, were among the
more turbulent Tatars. They remained nomadic longest.
[2] V. 19. Today the name of the river Volga is always used in the
feminine.

116

Le crime étant égal, l'intérêt sert de loi.
Seuls encore en ces lieux on ne peut nous entendre.
Dans quel temps, réponds-moi, devons-nous nous y
    rendre?
Tu le sais dans ce camp, qu'un seul homme conduit,
40   Rien ne peut s'ignorer, on s'arme au moindre bruit.
Mille rapports secrets, l'exacte obéissance,
Font mouvoir les ressorts de ce corps, quoiqu'immense.
Alekseïevitch l'anime ou l'arrête à son choix.
Un seul membre attaqué, tout s'ébranle à la fois.
45   L'ordre qui part du chef y revole sans cesse.
Chacun entend sa voix. On agit, on s'empresse.
Cet art par qui ce Tsar a triomphé de nous,
Le sauvera sans doute aujourd'hui de nos coups.

                MAZEPPA

Le trouble d'un départ est propre à la vengeance.
50   Alors sans redouter cet ordre et ce silence,
Nous pourrons sans soupçon faire armer nos soldats.
Les ténèbres, le bruit, couvriront tous leurs pas.
Du hasard qui nous sert tirons cet avantage.
Tous nos amis cachés, nous frayant un passage
Nous pourrons...

                HITMAN

55   Mazeppa, ne comptons point sur eux
Pour un assassinat il suffit de nous deux.
Tous ces lâches humains qui se vendent aux crimes,
Trahissent qui les paye, immolent deux victimes.
Ils le font trop souvent.

                MAZEPPA

            Quoi! tu viens de les voir
Nous jurer par leur Dieu ...

                HITMAN

60   De trahir leur devoir.
Son nom n'est plus un frein lorsqu'un méchant l'atteste.
Ne promettaient-ils pas ce que ce Dieu déteste?
Je connais mal sa loi, mais méprise un serment

Que l'on fait par un Dieu qu'on brave en le faisant.
65 Ces tremblants Russiens qui suivent ta fortune
N'ont qu'un faible intérêt à la cause commune.
Leur coeur que tu gagnas par l'or des Suédois,
Etant traître à ce prix, peut bien l'être deux fois.
Charles des Musulmans prodiguant les richesses,
70 Ne m'a point de Bender[3] envoyé des largesses.
Je ne fais rien pour lui, je n'agis que pour moi.
Qu'il nomme dans Moscou s'il veut encor un roi,
J'y consens. Astrakhan,[4] où régnaient mes ancêtres
N'aura plus, si je vis, que des Khans pour ses maîtres.
75 Dès que ces sons bruyants, ces signaux des départs,
Auront fait dans la nuit flotter les étendards,
Prépare tes soldats, et pressons notre attaque.
Le Tatare à mon gré se joignant au Cosaque,
Ces gardes que tu vois tiendront peu devant nous.
80 Mais dès qu'Alekseïevitch aura senti mes coups,
A l'instant je te quitte et vole à la conquête
Que mon activité dans peu de jours m'apprête.
Souviens-toi, que c'est là tout ce que j'ai promis,
Et c'est en faire assez n'attendant aucun prix.

MAZEPPA

85 Ne comptes-tu pour rien la main de Rozénie?
Je l'aimais, cependant je te la sacrifie.

---

[3] V. 70. Bender or Bendery, in Moldava, then Turkish held territory, is the city where Charles XII and Mazepa fled with the remnants of their troops. They were granted asylum by the Sultan. Here Hitman is alluding to Charles' having bribed Ukrainians with money received from Turkey and that he, having received nothing from them, was not acting in Charles' behalf, but rather only in his own interest. He does not care if Charles appoints yet another king. In fact, he consents to it. The allusion here is to Charles' cavalier dethroning of the king of Poland, Augustus II, and the naming of his replacement, Stanislaus.

[4] V. 73. The independent khanate of Astrakhan emerged in the 15th century after the breakup of the Tatar empire. It was conquered by Russia in the 16th century. Thus, Hitman was refering to quite distant and nebulous ancestors.

118

HITMAN

Ne me rappelle plus le fatal souvenir
D'un affront qui m'oblige encore à te haïr.
Sa réparation[5] n'est point un sacrifice.
90 Crois-tu qu'à mon amour ce jour soit si propice?
Soumis à cet objet qui me sut enflammer,
Son coeur où j'aspirais m'estime sans m'aimer.
Cette estime me flatte, il faut que j'y renonce;
Mon crime fait sa perte, et ma bouche l'annonce.
Sous le faux nom d'époux ...

MAZEPPA

95   On marche vers ces lieux
Agis, sois-nous fidèle, et rougis si tu veux.
L'amour, l'ambition rendent tout légitime.
Tromper est un honneur! L'être! voilà le crime.

Scène II

Alekseïevitch, Hitman, Mazeppa, Garde

MAZEPPA

A tes sacrés genoux rassemblés par tes lois,
100 Nous ne prétendons plus y disputer nos droits.
Je n'en ai plus aucun, seigneur, sur Rozénie.
Tu sais qu'au sort d'Hitman, cette esclave est unie.
Nos Lamas[6] à tes pieds viennent de l'attester;
Mes feux à mon devoir ne sauraient résister.
105 Hitman est son époux, je la cède sans peine.
Loin de t'importuner d'une demande vaine,
Je n'ai plus dans mon coeur pour unique désir
Que celui de te plaire et de te mieux servir.

---

[5] V. 89. Archaic use of the word: "Her return to me as reparation."
[6] V. 103. The author assumed that Hitman was a Buddhist.

Notre rivalité n'a pour but que la gloire.
110 Sous tes ordres tous deux marchons à la victoire.
Nous partons. Conduis-nous, mes Cosaques et moi,
Nous nous justifierons en combattant pour toi.
Accablé jusque-là du poids de mon offense,
Mon respect m'interdit ton auguste présence.

Scène III
Alekseïevitch, Hitman, Suite

ALEKSEÏEVITCH

115 Hitman, qu'espères-tu? Tu connais mon amour.
Les faiblesses des rois éclatent dans[7] un jour.
Je ne m'en cache pas. J'aime et tout m'est possible.
Cet hymen qui t'unit à qui me rend sensible
N'offre aux yeux d'un chrétien que des noeuds
    impuissants.[8]
120 Tu juras par tes dieux, ce sont de vains serments.
Ne dissimule point, quelle est ton espérance?

HITMAN

Il ne m'en reste plus; je prévois ma sentence,
Et te flatterais trop, si mon espoir
Te donnait des vertus que tu ne peux avoir.
125 Je t'estime, seigneur, mais non pas jusqu'à croire,

---

[7] V. 116. *Dans un jour* used to mean "within a day." Today, in this context, the preposition *en* is used.

[8] V. 118. *Hymen,* archaic: marriage. "The [Buddhist] marriage which unites you to the woman in whom I am interested is an invalid union in the eyes of a Christian." *A qui me rend sensible* (to the woman in whom I am interested) and *des noeuds impuissants* (an invalid union) are other examples of the convoluted circumlocutions for which d'Estaing was known.

Que l'amour dans ton coeur soit soumis à ta gloire.
Je sais ce que tu dois, je vois ce que tu peux ....

Scène IV
Alekseïevitch, Rozénie, Hitman, Suite

ALEKSEÏEVITCH

Tu l'ignores. Regarde....
     HITMAN
       Objet de tous mes voeux,
Chère épouse, est-ce toi?
     ROZÉNIE
       Monstre, qu'oses-tu dire?
     ALEKSEÏEVITCH
130 Voilà cette beauté qui m'a trop su séduire,
Que j'aimais, que j'adore, et qu'enfin je te rends.
     HITMAN
Seigneur, un tel bienfait ....
     ALEKSEÏEVITCH
      Point de remerciements.
Pars, te dis-je, vas, fuis. Ta vue ici m'offense.
Conduis-la loin des lieux de mon obéissance.
135 Sors, et ne jugeant plus de mon coeur par le tien,
Apprends que qui t'aima n'est plus digne du mien.
     HITMAN
Madame, éloignons-nous.
     ROZÉNIE
      Il n'est pas temps. Ecoute.
     HITMAN
Pour un moment perdu, je sais ce qu'il en coûte.
     ROZÉNIE
Je saurai l'employer.

HITMAN

Partons!

ROZÉNIE

Non, c'est en vain!

HITMAN

à sa suite

140 Amis, secondez-moi. Je prévois son dessein

à Alekseïevitch

D'un reproche offensant ...

ROZÉNIE

Lâche! Ta violence

Ne pourra m'obliger à garder le silence.

HITMAN

Rozénie tire son poignard. Elle menace plusieurs fois
De s'en frapper pendant le cours de cette scène, et ne
Le remet qu'après qu'Hitman a dit "je ne le fus jamais."
Viens, c'est trop....Un poignard? Que prétends-tu?

ROZÉNIE

Mourir!

HITMAN

Qui! Vous! Ciel, je me perds! Tout va se découvrir.

ALEKSEÏEVITCH

Il se trouble, il gémit.

ROZÉNIE

145 Que crains-tu, lâche? Achève!

Il est de plus grands biens que ton crime m'enlève.

Tu tembles pour mes jours, et tu m'ôtes l'honneur.

ALEKSEÏEVITCH

Son honneur? Quel discours!

ROZÉNIE

Au faite du bonheur

Au moment d'être unie à ce héros que j'aime,

150 Tu te dis mon époux, tu le dis à lui-même.

Ces Lamas révérés, ces organes du ciel,

Ont servi par tes soins ton projet criminel.

ALEKSEÏEVITCH
J'espère, et malgré moi sa douleur m'intéresse.
Je la croirais encore? J'aurais cette faiblesse?
Est-ce une illusion? Oui, sans doute.

ROZÉNIE
155   Ah! seigneur,
Tu ne t'en fis jamais que pour trahir ton coeur.
Hitman, t'en flattais-tu, qu'à ta fourbe docile
Je n'aurais pour secours qu'une plainte inutile?
Si c'était Mazeppa, ce brigand couronné,
160 Cet horrible forfait m'aurait moins étonné.
Mais toi, que j'estimais, de ton lâche artifice
En me déshonorant tu couvres l'injustice.
C'est toi qui fais le crime, et la honte est pour moi.
Constante à rejeter tes offres et ta foi,
165 Cent fois tu vis ma main prête à m'ôter la vie.
Par là, je l'empêchai d'être à la tienne unie.
Aujourd'hui-même encore, je t'en ai fait l'aveu.
Ne te l'ai-je pas dit, qu'insensible à ton feu,
J'aimais un inconnu? Le voilà! C'est ton maître!
170 Pour tes dieux et pour lui, pour moi, tu deviens traître.
Sois sensible à mes maux! Tu fais couler mes pleurs,
Tu me perds. C'est sans fruit. Si l'on te croit, je meurs.

HITMAN, *à part*
Qu'ai-je fait?

ALEKSEÏEVITCH
       Tu te tais?

HITMAN
                  Seigneur, tant d'impudence
Cause trop justement mon trouble et mon silence.
Ordonnez ....

ROZÉNIE
175   Malheureux, ôses-tu persister?
La crainte de ma mort ne te peut arrêter?
Sous ta feinte douleur tu caches mal ta joie.
Tu veux me voir mourir, ou bien me voir ta proie.

123

Dans tes yeux égarés, avides de mon sang,
180 Je lis l'ordre cruel. Parle! Ma main l'attend.
Prononce! Viens, ce fer rend ta rage impuissante,
Ne crains point de me voir à tes pieds expirante.

HITMAN

Vous, mourir?

ROZÉNIE

La pitié suspend donc ta fureur?
Regarde! D'un seul mot tu vas percer mon coeur.

à la suite d'Hitman

185 Ne tentez point surtout d'y mettre un vain obstacle,
J'en périrais plus tôt.

ALEKSEÏEVITCH

Où suis-je? Et quel spectacle?

HITMAN, *à part*

Que dire? Et que tenter?

ROZÉNIE

Pour la dernière fois,
Choisis, avoue, ou bien....

HITMAN, *à part*

Quel effroyable choix!

ROZÉNIE

Qu'as-tu dit?

HITMAN

Ah! fuyons ...

ROZÉNIE

Perfide! Non, ta fuite
190 Ferait durer la honte où je me vois réduite.
Réponds! C'est trop tarder! Couronne tes forfaits!
Parle! Es-tu mon époux?

HITMAN

Je ne le fus jamais.

ALEKSEÏEVITCH

Tu ne l'est pas? Grand Dieu! Rozénie, ô vengeance!

HITMAN

J'ai parlé. Tu sais tout, tu vois son innocence,

195 Tu vois qui fit mon crime et ce qui m'a trahi.
Venge-toi d'un esclave[9]...

Scène V
Alekseïevitch, Rozénie, Suite

ALEKSEÏEVITCH
Il est assez puni.
à Rozénie
Suivrez-vous envers moi l'exemple que je donne?
à la suite
Allez, annoncez-lui que son roi lui pardonne.
On n'entend plus la voix de la sévérité,
200 Lorsque dans sa clémence on veut être imité.
à Rozénie
J'ai recours à la vôtre, aimable Rozénie.
Parlez, comblez les biens dont mon âme est ravie.
Que je suis criminel! Et dans un si beau jour,
Que mes fausses vertus ont offensé l'amour!

ROZÉNIE
205 Le désordre effrayant où mon âme est plongée
Fait que j'ignore encore si tu m'as outragée.

ALEKSEÏEVITCH
Si je l'ai fait, hélas! Ah! ce doute affecté
Est le fruit trop amer de ma credulité.
J'en atteste le ciel, je vous croyais coupable
210 Mais vous trouvais toujours un objet adorable.
La voix de mes désirs démentant ma raison
Me présageait l'horreur de cette trahison.

---

[9] V. 196. "Take revenge on a slave." Here the word "slave" is a hyperbole for "subject."

Plus tout vous condamnait, plus cette voix puissante,
Subjuguant tant d'erreurs vous disait innocente.
215 Par la gloire et l'amour vivement combattu
Je sentais des remords dans ma triste vertu.

ROZÉNIE

Tu n'en dus point avoir, si même en ta colère,
Si même malgré toi je t'étais encore chère.

ALEKSEÏEVITCH

Si vous l'étiez, ô ciel! Cessez de m'outrager.
220 Accuser un amant, c'est assez s'en vanger.
Je prévois en tremblant....

ROZÉNIE

Connais mieux ma tendresse.
De mon coeur, comme toi, je ne suis pas maîtresse.
Excuse ce reproche; il m'échappe, et ce coeur
Qui t'accuse et t'admire oubliera sa froideur.

ALEKSEÏEVITCH

De la froideur? Pour vous?

ROZÉNIE

D'autres que moi, peut-être,
Avec moins de courroux en feraient plus paraître.
Et te vendant un bien qui t'est déjà donné,
Croiraient par leur refus, t'avoir mieux enchaîné.
Pour moi, ce que je sens, je ne sais point le taire.
230 Mon coeur de mon esprit n'apprit jamais à plaire.
Bien loin de te cacher, seigneur, ses sentiments,
Je veux te dévoiler ses moindres mouvements.
Dans l'instant que le tien refusait de m'entendre,
Par un mélange affreux que je ne peux comprendre,
235 Respectant la raison qui causait mon malheur,
Une ombre de plaisir soulageait ma douleur.
Tu m'en semblais plus grand, plus digne de ma flamme,
Et si ta fermeté mérite qu'on la blâme,
Si ton faible amour s'est tu trop aisément,
240 En faveur du héros, je fais grâce à l'amant.

ALEKSEÏEVITCH

O coeur digne du mien! O grandeur qui m'étonne!

Scène VI

Alekseïevitch, Rozénie, Cantemir

ALEKSEÏEVITCH

Oui, l'amant vous adore, et le Tsar vous couronne.
De ce suprême rang qui vous est présenté,
Je ne crois point par là ternir la majesté.

CANTEMIR

Suis-je venu trop tard?

ALEKSEÏEVITCH

245   Madame, ma tendresse
Va presser les effets d'une juste promesse,
Et le soleil enfin ne se lèvera pas,
Qu'un quart du monde entier ne vous serve d'états.
Nos femmes du pouvoir n'ayant que l'apparence,
250 Montraient à l'univers leur pompeuse impuissance.
Dans les tristes honneurs du trône où je vous mets,
Le Nord a vu souvent des reines sans sujets.
A vous ainsi qu'à moi je veux qu'il obéisse.
Partager ma grandeur n'est point un sacrifice.
255 C'est la mieux assurer; et déjà je prévois
Que vous affermirez son éclat et ses droits.
Je prétends qu'en m'aidant dans la paix, dans la guerre
A verser l'abondance, à lancer mon tonnerre,[10]
Notre commun devoir soit écrit dans nos yeux,
260 Et qu'unis pour jamais en tous temps en tous lieux...

---

[10] V. 258. *A lancer mon tonnere:* in hurling my thunder; a circumlocution
for "declaring war" or "unleashing military forces."

ROZÉNIE

Ah! ce dernier bienfait passe mon espérance,
Seigneur, quand les rayons de ta toute puissance,
Guidés par tes bontés réfléchissent sur moi;
Quand ces mêmes bontés m'élèvent jusqu'a toi;
265 J'en connais tout le prix; mais seigneur, quand ta flamme
Me permet pour jamais, de lire dans ton âme,
Pour me contraindre, alors faisant de vains efforts,
Mon coeur pour s'exprimer n'a plus que ses transports.

CANTEMIR

Vous me voyez, seigneur, et vous pouvez poursuivre.

ALEKSEÏEVITCH

Que craindrais-je?

CANTEMIR

270   La honte où votre amour vous livre.
O mon fils!

ALEKSEÏEVITCH, *à Rozénie*

       Mes désirs comptent tous les moments,
Madame. Mon départ nous laisse peu d'instants
Tandis que secondant ma vive impatience
Nos prêtres du Très Haut implorant l'assistance
275 Vont à vos yeux surpris prouver la sainteté
Des noeuds formés au nom d'un dieu de vérité.
Pendant que les aprêts d'un hymen plein de charmes
Imposeront silence au tumulte des armes,
Je vais tout ordonner pour qu'un même signal
280 Annonce le départ par un chant nuptial.
Par la voix des plaisirs rappelant la victoire,
Assurons mon bonheur sans retarder ma gloire.

à Cantemir

Te laisser dans ton doute, ami, c'est t'en punir.
Je ne consulte plus, je ne sais plus qu'agir.

128

Scène VII

CANTEMIR, *à Alekseïevitch*

285 Ne vous en flattez point, si je respire encore.
Plutôt que de souffrir ce qui vous déshonore....
C'est en vain que je parle, il me méprise, il fuit.
De vingt ans de travaux, c'est donc là tout le fruit!
Je le vois, il l'a dit: son coeur inébranlable
290 N'aura plus de vertus, s'il ôse être coupable.
Du héros au tyran il n'est souvent qu'un pas:
Agissons! Mes regrets ne le sauveront pas.
Suis-je de ces mortels qu'un regard intimide?
Qui tremble près des rois n'est qu'un ami perfide.
295 Quand il m'en punirait, mon trépas serait beau.
Sa honte seule, hélas! me mettrait au tombeau.
Des droits qu'il m'a donnés faisons un digne usage.
Son unique ressource est dans mon seul courage.

Scène VIII
Cantemir, Hitman, Mazeppa

Dans le fond du théâtre,
HITMAN
Quel étonnant mystère! Elle! O fortuné Tsar!
MAZEPPA
300 Ainsi de sa faiblesse on se repent trop tard.
Les désirs ont toujours fait croître l'espérance.
Pour ranimer les tiens j'ai rompu le silence.
CANTEMIR, *à part et sans...*
Dois-je encor balancer? Oui, mon fils, oui, pour vous
Je crains peu de braver jusqu'à votre courroux.
MAZEPPA, *à Hitman*
305 Viens ....

129

HITMAN, *à Mazeppa*

Elle est ...

MAZEPPA, *à Hitman*

Oui, tu sais les secrets de sa vie.

Tu vois la connaissant qui je te sacrifie.

Sors de ton trouble, allons ....

CANTEMIR, *en les apercevant*

Par un ordre des cieux

Celui dont j'ai besoin vient s'offrir à mes yeux.

HITMAN, *apercevant Cantemir*

Cantemir ... Ah! Voilà...Sais-tu ...

MAZEPPA, *à Hitman*

Que vas-tu faire?

CANTEMIR, *à Hitman*

Parle! achève!

MAZEPPA, *à Hitman*

Imprudent!

CANTEMIR

310   J'excuse sa colère.

Hitman, va, je te plains, et je te veux servir.

Cette épouse infidèle, et que tu dois haïr

Voudrais-tu que ce bras la mît en ta puissance?

HITMAN

Toi, tu pourrais...

MAZEPPA, *à Cantemir*

Tous deux partageons son offense.

315 Le mépris d'un égal rejaillissant sur nous,

Nous devons tous servir ce malheureux époux.

Apprends le tort affreux qu'il s'est fait à lui-même.

Effrayé du danger de l'ingrate qu'il aime,

Craignant pour lui, pour elle, étonné de se voir

320 En but à tous les traits du suprême pouvoir,

Il a pour se sauver dit d'une voix tremblante

Que sa femme, seigneur, n'était que son amante.

CANTEMIR

Il n'est point de danger, ni de nécessité

Qui puisse faire ainsi trahir la vérité.
325 Mais s'il sert mes projets sans pénétrer leur cause,
Il aura Rozénie. Elle est à lui, s'il l'ose.

HITMAN

Si j'ose? Ah! Cantemir! Je l'aurais de ta main?

CANTEMIR

Reviens, et quand la nuit servira mon dessein,
Moi-même de ces lieux je t'ouvrirai l'entrée.
330 Va! Dès que Rozénie aux tiens sera livrée,
Suivi de peu d'entre eux, fuis, vole, éloigne-toi.
Je me charge du reste, et prendrai tout sur moi.

HITMAN

Ah! compte sur mon zêle!

MAZEPPA

Ainsi, ce roi barbare ...

CANTEMIR

Où portes-tu tes yeux? Si ton maître s'égare,
335 Un ami peut lui dire, il doit le réparer.
Le sujet le peut voir, mais n'en jamais parler.
Tu vois ce poste, Hitman? C'est là qu'il faut m'attendre.

HITMAN

Mes Tatares et moi, nous saurons nous y rendre.

Scène IX
Hitman, Mazeppa

HITMAN

Parle! Avant tout, réponds! Ne me trompes-tu pas?
340 Rozénie, en quels temps et par quels attentats...?

MAZEPPA

Quand vers le Tanaïs, l'Ottoman redoutable

Dans Azab[11] fit sentir son courroux implacable,
N'étant point prince alors, osant être brigand,
J'y suivis, peu connu, l'étendard du Croissant;
345 Et des Turcs vainqueurs partageant la fortune,
J'y négligeai le soin d'une gloire importune.
Le besoin a ses lois.[12] J'y guidai ces soldats
Que l'on voit au pillage et jamais aux combats.
Sur les pas destructeurs de leur prompte avarice
350 Volaient l'activité, l'adresse et l'injustice.
A peine eût-on vaincu, que déjà par leurs mains
D'un enfant sans secours je réglai les destins.
Elle était presque seule et dans cet âge tendre
Où la voix des malheurs ne peut se faire entendre.
355 Au fond de son palais on lui donna des fers
Qui n'épouvantaient point ses yeux à peine ouverts.
Au jaloux Musulman je sus cacher ma proie.
Ma main pour s'enrichir la nourrit avec joie.
Depuis, devenu chef de mes concitoyens,
360 Ma politique a dû prolonger ses liens.
Mécontent dès longtemps, rebelle avec prudence,
J'en ai par plus de soins dû voiler sa naissance.
Ma ressource est son nom. Je peux tout obtenir
En apprenant qu'elle est fille de Cantemir.
365 Toi seul le sais encore et tu n'as pu le taire,
Sans moi, n'allais-tu pas la nommer à son père?
Je t'admire![13] Est-ce ainsi que l'on garde un secret?

---

[11] V. 341-342. D'Estaing probably meant Azov, located in the area where
the Greeks had founded their colony of Tanaïs in the 3rd century B.C.

[12] V. 344. *L'étendard du Croissant:* the Moslem flag. Mazepa confesses
that before becoming a prince, he had served under the Moslem flag and that
he had shared the fortune of the victorious Turks because he was in need.
He adds that he neglected to promote his successes because such glory
would have been cumbersome. An understatement, for he would have rather
let such glory be unknown in Ukraine.

[13] V. 367. *Je t'admire!* is used ironically to mean "I am shocked!"

HITMAN

Je te cède dans l'art de conduire un forfait.

MAZEPPA

Va! Cet art, quel qu'il soit, me fut toujours utile.

HITMAN

370 Si j'étais comme toi, né dans ce rang servile,
Où la crainte d'autrui soumet les passions,
J'aurais caché leur trouble et leurs impressions.

MAZEPPA

D'un discours outrageant je méprise l'injure.
Lorsque l'on doit agir, est-ce alors qu'on murmure?
375 Ta faute est réparée, et tout semble pour nous,
Ce vieillard abusé ...

HITMAN

Tu peux guider mes coups.
L'amour le veut. Marchons, je serai ton complice.
Mais même en agissant, mon coeur te rend justice.

Scène X

MAZEPPA

Sers mes désirs, et cours te perdre en me servant.
380 Oui, le crime achevé, détruisons l'instrument.
Tu crois que ton rival a pu cesser de l'être?
Hitman, en succombant, tu sauras me connaître;
Pour vaincre Alekseïevitch, j'avais besoin de toi,
Mais dans le même instant tu périras par moi.
385 Cet empire est détruit. La sombre politique
Peut donc souvent bien plus qu'un courage héroïque.
Où Charles succomba, je saurai réussir.
Plus qu'il ne veut, enfin j'oserai le servir.
Il en profitera sans en avoir la honte,

390   L'exécution n'en est peut-être trop prompte.
        Le Tatare agira, les Cosaques sont prêts.
        Sans maître et sans rivaux, aurais-je des regrets?
        Vertu, pouvoir, honneur et courage et tendresse,
394   Tout n'est qu'un vain fantôme, esclave de l'adresse.[14]

---

[14] V. 394. *Esclave de l'adresse:* archaic for "subject to one's goal."

Acte V

Le theâtre est dans l'obscurité jusqu'à la Scène V

Scène Ière
Rozénie, Menchikov, Suite

ROZÉNIE

O Dieu de mon amant, Dieu qui seriez le mien,
Cantemir est un traître et ce traître est chrétien.
Eh quoi? Ce dieu si bon, si grand, si redoutable,
On le craint, on l'adore, et l'on se rend coupable?
5   Quel contraste étonnant! Malheureuse, est-ce ici?
Quoi? Mon funeste sort ne peut être adouci?
Ministre rigoureux d'un ordre si barbare,
Alekseïevitch au moins sait-il qu'on nous sépare?
Ne le répète point, tu ne m'abuses pas.
10   Vers lui-même à l'instant daigne guider mes pas,
Et certain des effets de ma reconnaissance,
Ne porte pas plus loin ta vile obéissance.

MENCHIKOV

Au sage Cantemir, Madame, je la dois.
Le Tsar se plaît toujours à parler par sa voix.

ROZÉNIE

15   Frappée, hélas! en vain, d'une clarté plus vive,
Je prêtais au pontife une oreille attentive.
Profitant de la paix qui régnait dans mon coeur
Par des dogmes sacrés il en chassait l'erreur.
De la loi d'un époux mon âme était avide
20   Qui l'aurait pu penser qu'il n'êtait qu'un perfide?

Que dans l'instant marqué pour recevoir ma main,
Hitman serait par lui, maître de mon destin.
Lui, qui jurait... Mais non, mon désespoir m'abuse...
Pardonne, cher amant, c'est lui seul qui t'accuse.
25 Je n'en saurais douter: on nous trahit tous deux.
Peut-être qu'occupé maintenant de tes feux,
Tu regrettes ce temps que tu dois à ta gloire.
Quand on te l'apprendra, pourras-tu bien le croire,
Qu'un vieillard insolent abusant de ton nom,
30 Ait pu jusqu'à ce point porter la trahison?
Quoi? Celle qui devait partager ton empire,
Celle enfin qu'aux autels ta flamme allait conduire,
Dans l'horreur[1] de la nuit, soumise à des soldats,
Sans espoir, sans secours, et presque dans tes bras,
35 A ce traître d'Hitman, prête à se voir livrée,
Dans ton camp, malgré toi, voit sa perte assurée.
Tout me manque à la fois. Pour dernier coup du sort
Le ciel défend, dit-on, de se donner la mort.
Soit qu'en effet un dieu parle, agisse en moi-même,
40 Soit qu'on croie aisément au dieu de ce qu'on aime,
Je me sens arrêter. Mes désirs combattus
Ont perdu cet orgueil qui soutint mes vertus.
Je respecte mes jours, et ma douleur paisible,
Sans trouble et sans transports n'en est que plus sensible.
45 Immobile, incertaine, en voyant mes malheurs,
Je ne sais maintenant que répandre des pleurs.
Chrétien, ah! si ta foi peut soumettre ma rage,
Je sens que la pitié doit être ton partage.
Tu ne hasardes rien. Laisse-moi par mes cris
50 Annoncer ma misère à ton maître surpris.
Approchons, que crains-tu? Ces murailles fragiles
Aux accents de ma voix se montreront dociles.
Ils iront à son coeur. Hélas! Il n'est plus temps!
On vient. C'est un Tatare. Ô ciel! Ah! Quels moments!

---

[1] V. 33. "In the dark and frightful night."

Scène II

Rozénie, Menchikov, un Tatare, Suite

LE TATARE

55 L'obscurité n'a point trompé ma vigilance.
Vous, de qui Cantemir connait l'obéissance,
Conduisez Rozénie, et marchez avec moi.

ROZÉNIE

Ah! Plutôt sous mes pas, ô terre, entr'ouvre toi!

LE TATARE

Le signal va partir. Fuyons loin de l'orage.
60 Laissons ces lieux en proie à la mort, au carnage.

ROZÉNIE

Que parles-tu de morts? Est-il d'autres forfaits?

LE TATARE

Du généreux Hitman secondez les projets.
Dans le sein des dangers, rempli de sa tendresse,
Il m'a dit, "vole ami, vole vers ma maîtresse.
65 Va! Mazeppa des miens ne m'a laissé que toi.
Ils sont tous dispersés. Cours, conserve-la-moi.
A ta vue, à mon nom, on saura te la rendre.
Cantemir la promis; déjà l'on doit t'attendre.
Fuis nos combats, je crains, et vaincus et vainqueur.
70 De cette affreuse nuit je prévois les horreurs."

ROZÉNIE

Des vainqueurs qu'entrevois-je? Est-il quelque rebelle?
Quel souvenir affreux ce seul mot me rapelle!
Aurait-il pu presser l'effet de ses complots?
Mazeppa... ce serait ... et pour combler mes maux
Par un oubli funeste...

MENCHIKOV

75   Avant que de te suivre

Dis quels sont ces combats que près de nous on livre?

LE TATARE

Cantemir t'a-t-il donc caché de tels desseins?

Par lui, nos ennemis sont presque dans nos mains.

Il vient de nous guider, et leur perte est jurée.

80   Je l'ai vu dans ces lieux nous ouvrir une entrée.

Les gardes à sa voix respectant nos soldats,

Tous nos chefs sans obstacle avançaient à grands pas.

Nos Tatares plus loin s'animaient en silence,

De vos postes dans peu bravant la résistance,

85   Ils vont en même temps par différents endroits

Attaquer et surprendre, et percer à la fois.

Puis, bientôt réunis, aidés par le ténèbres,

Faisant croître l'effroi par mille cris funèbres,

Hitman et Mazeppa, le Cosaque[2] avec eux,

90   Vont de la tyrannie enfin rompre les noeuds.[3]

MENCHIKOV

Cantemir? Il aurait...? Je ne peux te comprendre.

ROZÉNIE

Ah! sauvez votre roi.

LE TATARE

                Le bruit se fait entendre.

Cantemir est pour nous. Nos voeux sont assurés.

Secondez ceux d'Hitman, illustres conjurés.

95   Mettons en sureté ce prix de la victoire.

Mais quoi vous frémissez. Craignez-vous de m'en croire?

Doutez-vous de ma foi? Ce tumulte, ces cris,

Doivent vous annoncer la mort d'Alekseïevitch.

MENCHIKOV, *à sa suite*

Entraînez ce rebelle, et périsse tout traître . . . .

100   Amis, s'il en est temps, secourons notre maître.

---

[2] V. 89. *Le Cosaque:* the singular is used here as a plural.

[3] V. 90. *Noeuds:* bonds.

Scène III

ROZÉNIE

Qu'on me livre ce monstre et qu'au moins par son sang...
Hélas! de mon époux[4] on va percer le flanc.
Les cris ont redoublé. Mille sillons de flamme
Précurseurs des dangers épouvantent mon âme.
105   Leur affreuse lumière à l'instant se détruit.
Elle semble renaître, et l'obscurité fuit.
Le fer étincellant tonne, frappe, et m'éclaire.
Barbares, arrêtez. Ingrats, qu'allez-vous faire?
On se pousse, on combat, la clarté disparaît.
110   Alekseïevitch ... Grand dieu! sans doute c'en est fait.
Non, je ne vois plus rien, et la nuit plus profonde
En voilant leurs forfaits, les cache, et les seconde.
Le crime est consommé. Leurs parricides mains
Immolent à leur gré le plus grand des humains.
115   Il meurt en m'adorant, son sang couvre la terre,
Il coule, et sur leur tête attirant le tonnerre....
Vain espoir, je m'égare; ô douleurs! Il n'est plus.
La force m'abondonne; ô regrets superflus!

Scène IV

Rozénie, Cantemir

CANTEMIR,
sans voir Rozénie et tenant une épée
Que d'horreurs à la fois! Que je suis condamnable!

---

4 V. 102. Although not yet married to him, Rozénie considers Alekseïevitch her husband.

120 Quels complots! Dieu vengeur! Je suis le plus coupable.
Mon zêle... Qu'ai-je fait ... Imprudent ...N'as-tu pas...
Mon maître...Ô mon cher fils, j'ai pu guider leurs bras.
Ils vont ...Eh quoi! le mien laisse échapper mes armes.

Il laisse tomber son épée

Blessé, vaincu! Ce fer n'est mouillé que de larmes.

ROZÉNIE, *sans voir Cantemir*

125 Qui m'arrête! Est-ce crainte? Est-ce excès de douleur?
Je prétends m'assurer enfin de mon malheur.
Rien ne m'effraye. Allons, ne suis-je plus la même?
Que peut-on redouter quand on perd ce qu'on aime?

CANTEMIR

Je sens fléchir sous moi mes genoux chancelants.
130 Je m'affaiblis, je touche à mes derniers moments.
Où portai-je mes pas?

ROZÉNIE

    Quel bruit vient me surprendre?
Et quels funestes sons ici se font entendre?

CANTEMIR

C'est la voix d'un vieillard que tu dois secourir.
Oui, viens, qui que tu sois, viens m'aider à mourir.
135 Approche, ne crains rien. Que ta main bienfaisante
Traine dans les dangers ma vieillesse impuissante.
Je ne peux plus changer le destin des combats.
Je ne veux, ni ne dois que chercher le trépas.

ROZÉNIE

Que dit-il? Et quel est.... Cantemir, ce barbare?

CANTEMIR, *en s'asseyant*

140 Voilà le dernier coup que le sort me prépare;
Cause de tous mes maux, tu les rappelles tous.
Va! Fuis!

ROZÉNIE

Où donc est-il? Réponds!

CANTEMIR

      Qui?

ROZÉNIE

Mon époux.

CANTEMIR

Je viens de le quitter. Va le voir, il expire.
Mazeppa m'a vengé.

ROZÉNIE

Quoi? Tu m'oses le dire?

Il est mort ....

CANTEMIR

Que t'importe?

ROZÉNIE

Ah! c'est trop m'insulter!
Le ciel te livre à moi, j'en saurai profiter.
Mon faible bras suffit!...

CANTEMIR

Tu le peux?

ROZÉNIE

Oui, ma rage,
Ton crime et mes regrets me rendent mon courage.
Elle tire son poignard.
Frémis, et que ce fer...

CANTEMIR

Des astres de la nuit
La trompeuse clarté m'étonne et me séduit.
Ah! suspends ta fureur! Dieu! Quelle ressemblance!
Parle! Comment ce fer est-il en ta puissance?
Quel souvenir? Permets? Et que mes faibles yeux ...
C'est lui, n'en doutons plus. Depuis quand? En quel lieu?
Ah! Réponds-moi! De qui reçus-tu cette épée?[5]

ROZÉNIE

Par ma mère autrefois elle me fut donnée.
Je vais par ce secours punir ta trahison.
Rien ne peut te sauver.

145

150

155

---

5 V. 155. *Epée* is used here in order to rhyme with *donnée*. We know that Rozenie had a dagger in her possession, rather than a sword.

CANTEMIR

Sa mère? Quel soupçon!

ROZÉNIE

160 La pitié par degré se glisse dans mon âme.

CANTEMIR

Quoi! Ta mère?

ROZÉNIE

Ah! croyons le courroux qui m'enflamme!

CANTEMIR

Dis, achève! Ce fer, fut-il à son époux?

ROZÉNIE

Il y fut, vains discours.

CANTEMIR

J'embrasse tes genoux....

ROZÉNIE

Non! Périsse ...

CANTEMIR

Ma fille. Ah! ta main parricide,
Se lève sur ton père?

ROZÉNIE

Es-tu moins un perfide?
Crois-tu que ta vieillesse...

CANTEMIR

165 Ah! tu ne m'entends pas.

ROZÉNIE

Alekseïevitch n'est plus?

CANTEMIR

Que dis-tu?

ROZÉNIE

Tu mourras.

CANTEMIR

Dans le doute où je suis, ne m'ôte point la vie.
Crains de te repentir de me l'avoir ravie.
Frémis, peut-être es-tu...Je fais de vains efforts...
170 Tu vas frapper, hélas! Tremble que tes remords...

ROZÉNIE

On approche....Et tu crois, ton lâche coeur l'espère...
C'est en vain, meurs....

Scène V

Alekseïevitch, Rozénie, Cantemir

ALEKSEÏEVITCH

Arrête, arrête, il est ton père.

CANTEMIR

Mon fils, il est donc vrai.

ROZÉNIE

Ciel, que vois-je? Ah! seigneur,
Mes sens, me trompez-vous? Comment, par quel bonheur,
Dieu, m'est-il bien rendu?

ALEKSEÏEVITCH

175   Toute crainte est bannie.
Je triomphe en effet, je revois Rozénie.
J'ai tremblé...

ROZÉNIE

Cher époux, malgré leurs attentats
Tu t'es sauvé pour moi des portes du trépas.
Ce cruel me trompait. Tu revis....

ALEKSEÏEVITCH

Je t'adore.
180   Le ciel m'a conservé pour te le dire encore.

CANTEMIR

Tout est donc réparé.

ROZÉNIE

Mes malheurs sont finis.

CANTEMIR

Grand Dieu! Tu permets donc qu'ici tous réunis...

Ce sang...D'un juste effroi je ne peux me défendre.
Le vôtre...

Non, c'est moi, qui viens de le répandre.
185   J'achevais de dicter ces ordres combinés,
Par qui[6] différents corps en un point amenés,
Par des chemins divers, et d'une marche égale,
Gardent cette union à l'ennemi fatale.
Cet art qui fait mouvoir les défenseurs des rois,
190   De l'amour dans mon coeur n'étouffait point la voix.
Je pressais des moments trop lents pour ma tendresse.
Rendu tout à ma flamme, et tenant ma promesse,
Je revolais vers vous où pour combler mes voeux,
Par des serments sacrés j'allais serrer nos noeuds.[7]
195   Quand des cris menaçants environnant ma tente,
M'ont annoncé des miens le trouble et l'épouvante.
J'ai sorti [sic], le péril s'est offert à mes yeux:
J'ai vu la trahison régner seule en ces lieux.
De nos postes tournés l'inutile prudence
200   Laissait dans mon quartier mes troupes sans défense.
Surpris et confondu, le plus zélé sujet
Craignait d'offrir son bras à l'auteur du forfait.
On se fuyait l'un l'autre, et déjà les rebelles
Osaient lever sur moi leurs armes criminelles.
205   Le nombre l'emportait; mes gardes massacrés,
Presque seul j'effrayais ces faibles conjurés.
Par deux fois, furieux et méprisant leur rage,
J'essayai, mais en vain, de m'ouvrir un passage.
En s'offrant tous en foule à mon juste courroux,
210   Ils arrêtaient mes pas en tombant sous mes coups.
Je succombais enfin. Sur ma force épuisée,

---

[6] V. 186. Today the relative pronoun *lesquels* would be required here.

[7] V. 194. *J'allais serrer nos noeuds:* "I was going to marry you;" literally, "tie the knot."

Mazeppa remportait une victoire aisée.
Il allait me percer. Par un dernier effort
Je repoussais le traître et retardais ma mort.
215 Tout à coup séparés, renversés, mis en fuite,
Ces lâches et leur chef ont changé de conduite:
Un tourbillon de feux qui font voler nos traits
M'a fait voir des vengeurs détruisant leurs projets.
Ces soldats qui des camps prévenant l'avenue,
220 Du terrain désigné partagent l'étendue,
Qui séparés du tout, et cependant nombreux,
Nous ouvrent un passage et s'assurent des lieux,
Près d'ici rassemblés et partant par mon ordre,
Avaient bientôt appris la cause du désordre.
225 Revolant sur leurs pas, par un heureux secours,
C'était eux, dont l'effort sauvait ainsi mes jours.
Mazeppa, qui les voit, perd bientôt l'espérance.
Il fuit, et tous les siens implorent ma clémence.
Chacun s'éveille, on court: tout le camp à la fois
230 Menace, les entoure, et n'attend que mes lois.
Mais suspendant encore le poids de ma justice,
Leur triste incertitude est leur premier supplice.
Tremblant sur votre sort, et plus à plaindre qu'eux,
J'ai volé, je vous vois, et telle que je veux.
235 Hitman m'a tout appris. Quelle affreuse victime,
Votre coupable main...

ROZÉNIE

Quel eût été mon crime?

CANTEMIR

Vous, que je n'ose encore appeler mes enfants,
Après ce que j'ai fait...

ALEKSEÏEVITCH

Cher ami, je t'entends.
Va, tout est oublié. Ton zèle téméraire
240 Est par ce qu'il produit un crime salutaire.
Il a pensé me perdre, et je t'ai pardonné.
S'il m'eût ravi ce bien, je t'aurais comdamné.

Ta fille, mon amour, te rendent excusable,
Mais sans elle mon coeur serait moins équitable.

ROZÉNIE

Sa fille!

CANTEMIR

Oui, tu l'es.

ROZÉNIE

245   J'avais cru me tromper.
De quelle horreur ce nom vient-il de me frapper?

ALEKSEÏEVITCH

Ce nom doit redoubler notre commune joie.

ROZÉNIE

A la honte, aux remords, mon âme est toute en proie.

CANTEMIR

Non, ne t'en défends pas, je suis ton père.

ROZÉNIE

                         Vous!

250 Celui qui m'annonçait la mort de mon époux,
Qui me faisant livrer entre les mains d'un traître,
Trahissait à la fois son bienfaiteur, son maître,
Qui frayait un passage à de noirs assassins;
Celui que par devoir j'immolais de mes mains!
255 Ciel! aurais-tu permis qu'il m'eût donné la vie!

ALEKSEÏEVITCH

Son grand coeur n'a jamais connu la perfidie.
Votre père...

ROZÉNIE

         Ah! s'il l'est, dois-je ici l'accuser?
S'il est votre ennemi, puis-je m'en dispenser?

Scène VI et dernière

Alekseïevitch, Rozénie, Cantemir, Menchikov

MENCHIKOV

Le lâche Mazeppa fuit vers le Boristhène,
260 On le poursuit, seigneur, mais bravant notre haine,
Il échappe au supplice, et ses soins prévoyants,
Le feront avant nous joindre les Ottomans.
Pour Hitman, c'en est fait, son âme gémissante,
A trahi les efforts de sa bouche expirante.
265 Nos secours, ses désirs ont été superflus.
Il voulait nous parler et n'était déjà plus.

ALEKSEÏEVITCH

Une trop prompte mort l'enlève à ma clémence
à Rozénie
C'est par lui que je sais tes malheurs, ta naissance.
Pour me parler de toi, rappelant ses esprits...

ROZÉNIE

270 Hitman de Mazeppa, ciel, aurait-il appris?...
Je frémis; se peut-il? Ah! si je te suis chère,
Seigneur, daigne éclaircir cet important mystère.

CANTEMIR

Ce Tatare imposteur que j'ai cru son époux
De l'éternelle nuit est-il sorti pour vous?
275 Dans le temps qu'ignorant leur trame criminelle
Je comptais lui livrer une épouse infidèle,
Et qu'enfin dans ce camp par moi-même introduit,
Je connaissais trop tard que l'on m'avait séduit.[8]
A l'instant, que leur nombre, et leurs cris et leurs armes
280 N'ont que trop annoncé leur crime, et mes larmes,
Mazeppa, d'un seul coup, perfide par deux fois,
A su de son complice anéantir les droits.
J'ai vu tomber Hitman, et ma triste impuissance
Goûtait avec plaisir cette ombre de vengeance.

---

8 V. 278. *On m'avait séduit:* "I had been deceived."

285 Essayant à mon tour de frapper l'assassin,
Le cruel dédaignant de me percer le sein,
Et content d'arrêter les effets de ma rage,
Il fit voler mon sang sans frapper davantage.
Mais sur le corps d'Hitman portant les derniers coups...

ROZÉNIE

290 D'Hitman?... C'est donc de lui dont sous le nom d'époux
Et non d'Alekseïevitch ... Ô méprise cruelle!
Mon trouble à chaque instant s'accroît, se renouvelle,
Je crus qu'il m'annonçait, cher époux, ton trépas,
Et j'allais...Juste Dieu? ...S'il est ...

ALEKSEÏEVITCH

N'en doute pas!

295 Du Tatare expirant ranimé par ma vue,
Ose écouter l'aveu: "Rozénie est connue,
Prince heureux, m'a-t-il dit, que le ciel a sauvé,
Pour elle et ton bonheur, ce ciel m'a conservé;
Son rang l'égale à toi, sa vertu fut sans tache.

300 Tu vis, et cependant, peut-être, on te l'arrache;
Des Turcs et d'Azab tu peux te souvenir,
Mazeppa l'enleva. Son père est Cantemir."

ROZÉNIE

Ciel vengeur, qu'eus-je fait? Et que viens-je d'entendre?

ALEKSEÏEVITCH

Voilà tout ce qu'Hitman à peine à pu m'apprendre.
Peux-tu douter encore?

ROZÉNIE

305 Je ne doute de rien.

ALEKSEÏEVITCH

J'ai frémi en voyant et ton père et le mien
Menacé par tes mains.

CANTEMIR

D'autant plus misérable
Que je savais, seigneur, le nom de la coupable;
Ce fer, ce même fer dont on m'allait frapper,

310 Ce fer, que dans mon sang tu brûlais de tremper,
Je le donnai, ma fille, à qui ta donné l'être.[9]
Mes yeux un seul instant n'ont pu le méconnaître.
Ta mère avait reçu, pour marque de ma foi,
Ce poignard dont j'allais être immolé par toi.
315 Frémissant sous le poids de ta main parricide,
J'ôsais t'interroger d'une bouche timide.
Mais plus je t'arrachais quelqu'éclaircissement,
Plus de ton crime, hélas! tu pressais le moment.
Ta fureur t'aveuglait alors que ma tendresse
320 Aurait cru mon trépas payé d'une caresse.
Si je doutais encore, mon amour m'instruisait,
Je parlais à ton coeur, ton bras me menaçait.
Heureux de te revoir, je chérissais la vie.
Les malheurs dont ma mort aurait été suivie,
325 Ton sort et tes remords redoublaient mes tourments.
Viens les effacer tous par tes embrassements.
Le temps presse, ma fille, oui, c'est moi qui t'appelle;

à Alekseïevitch

Pour me justifier, conduisez-moi vers elle.

à Rozénie

Ah! seigneur... ah! daignez... Ton amant est mon
330 Fils, il soutient ma faiblesse; et c'est toi qui me fuis.

ROZÉNIE

Non, je tombe à vos pieds, mon père, il me pardonne;
Je cache dans vos bras l'horreur qui m'environne.
Puissai-je en embrassant ces genoux paternels
Eloigner de mon sein des remords trop cruels.
335 Si mon crime fut grand, sa peine le surpasse.

CANTEMIR

Un père est trop heureux quand il peut faire grâce.
Mais toi-même à ton tour me pardonneras-tu

---

[9] V. 311. *A qui t'a donné l'être:* another circumlocution which simply means "your mother."

D'avoir injustement douté de ta vertu?
J'ai causé tes malheurs. Sans ton devoir peut-être,
340 Ton coeur détesterait celui qui t'a fait naître.

ROZÉNIE

Mon coeur et mon devoir me rappellent vers vous.

CANTEMIR

Ma fille, je te vois. Va, mon sort est trop doux!
Vis! C'est assez.

ROZÉNIE

O joie à mon coeur inconnue;
Cher auteur de mes jours.[10]

ALEKSEÏEVITCH

Ah! que mon âme émue,
345 Partage avec plaisir ces tendres mouvements.

CANTEMIR

Une égale tendresse unit donc mes enfants.
Mon fils, à l'amitié vous accordez des larmes.
Vos pareils[11] ont souvent trop méconnu ces charmes.
Votre grandeur n'a point détruit l'humanité.
350 J'ai su vous conserver la sensibilité.
C'est le plus grand des biens que le destin m'envoie.
Ne me la cachez point.

ALEKSEÏEVITCH

Que tout ici la voie.
Ecoute, Menchikov, que ces heureux moments
Eloignent de ces lieux l'horreur des châtiments.
355 Que tous les criminels apprennent ma clémence.
Vole, de Rozénie annonce la naissance[12]....

CANTEMIR

Non, laissez ignorer qu'elle la tient de moi.

à Rozénie

---

[10] V. 344. "Dear father."

[11] V. 348. *Vos pareils:* "other princes like you."

[12] V. 356. De Rozénie annonce la naissance: "announce Rozenie's [princely] origins."

Un vain nom disputé ne pourrait rien pour toi.

à Alekseïevitch

Voilà qui t'a formé. Vous, voilà votre ouvrage.

360 Par là je vous oblige à l'aimer davantage.

Qu'on cache ce qu'elle est, soyez son seul appui.

ROZÉNIE, *à Cantemir*

Je tiendrai tout de vous, vous me donnez à lui.

ALEKSEÏEVITCH

Ah! pourquoi rassembler pour me la rendre chère,

Les noms sacrés d'époux et de frère et de père?

Mon amour me suffit.

CANTEMIR

365   Puisse vos feux constants...

Ma langue se refuse à mes sons expirants.

Quelle sombre vapeur vous couvre et vous efface?

Je sens un froid mortel qui m'accable et me glace.

La mort qui m'environne est prête à m'enlever.

ROZÉNIE

370 Dieu soutient des vertus, daigne le conserver.

ALEKSEÏEVITCH

Cher ami, je te perds.

CANTEMIR

              Ma carrière est finie.

ROZÉNIE

O ciel! Ranime en lui les sources de la vie.

Faudra-t-il que toujours tes secrets éternels

Changent à chaque instant les destins des mortels?

375 Tu détruits tes bienfaits. Bonté trop passagère,

C'est pour me l'enlever que tu me rends un père.

CANTEMIR

Tu blasphèmes ce ciel que tu ne connais pas.

à Alekseievitch

Dans la loi des Chrétiens, mon fils, tu l'instruiras.

ROZÉNIE

Je la connais déjà, cette loi respectable.

ALEKSEÏEVITCH

151

Nos prêtres par mes soins d'une voie charitable ...

CANTEMIR

S'il est ainsi, venez, profitez des moments
380 Qu'on me porte aux autels, j'entendrai vos serments.

ROZÉNIE

Non, je n'unirai point la joie et la tristesse.
Sous quel auspice, hélas?

CANTEMIR

Un tel refus me blesse.
Ma fille, je le veux. Laissez ces vains égards.
Quel spectacle plus doux pour mes derniers regards?...

ALEKSEÏEVITCH

385 Notre devoir le veut, l'amour vous en convie,
Venez, et par nos feux nous lui rendrons la vie.

CANTEMIR

Oui, vous me la rendrez en vous laissant heureux;
Quand nos enfants le sont, nous revivons en eux.

Fin

SELECTED BIBLIOGRAPHY

Borschak, Elie et René Martel.*Vie de Mazeppa*. Paris: Calmann-Lévy, 1931.

Contant d'Orville. *Mémoires d'Azéma, Contenant diverses anecdotes des règnes de Pierre-le-Grand, Empereur de Russie et de l'impératrice Catherine son épouse.* Amsterdam et Paris, 1764.

Corbet, Charles. *L'Opinion française face à l'inconnue russe (1799-1894)*. Paris: 1967.

Ehrhard, M. *Le Prince Cantemir à Paris*. Paris: Les Belles Lettres, 1938.

Hatton, Ragnhild M. *Charles XII of Sweden*. London, Weidenfeld and Nicolson, 1968.

Hrushevsky, Michel. *A History of Ukraine*. New Haven: Yale University Press, 1941.

Larivière, Charles de. *La France et la Russie au XVIIIe siècle*. Paris: Le Soulier, 1909.

Lortholary, Albert. *Le Mirage russe en France au XVIIIe siècle*. Paris: Boivin, 1951.

Massie, Robert. *Peter the Great. His Life and World*. New York: Ballantine Books, 1981.

Michel, Jacques. *La Vie aventureuse et mouvementée de Charles-Henri comte d'Estaing*. [s. l.]: Edition Jacques Michel, 1976.

Mohrenschildt, D.S. von. *Russia in the Intellectual Life of Eighteenth-century France*. New York: Columbia University Press, 1936.

Nordmann, Claude J. *Charles XII et l'Ukraine de Mazepa*. Paris: R. Pichon et Durand Auzias, 1958.

Scherer, Jean-Benoit. *Annales de la Petite-Russie ou Histoire des Cosaques-Saporogues et des Cosaques de l'Ukraine, ou de la Petite-Russie...* 2 vols. Paris: Cuchet, 1788.

Subtelny, Orest. *The Mazepists: Ukrainian Separatism in the 18th Century*. Boulder, CO: East European Monographs, 1981.

——————.*Ukraine. A History*. Toronto: University of Toronto Press, 1988.

Voltaire. François-Marie Arouet de. *Histoire de Charles XII* [1731]. Paris: Moland/Garnier, 1877-85.

———————————————. *Histoire de l'empire de Russie sous Pierre le Grand* [1759-63]. Paris: Moland/Garnier, 1877-85.

Ziegler, Charles. *La Première Catherine, seconde femme de Pierre-le-Grand. Notes et anecdotes sur Catherine Ière de Russie d'après un manuscrit inédit du 18e siècle.* Paris: Institut des sciences historiques, 1956.